Julie von Bismarck

Zusammenhänge im Pferd Teil III

Impressum

Julie von Bismarck
„Zusammenhänge im Pferd Teil III"
ISBN: 978-3-9822821-8-3
Copyright Julie von Bismarck
1. Auflage, Paperback
Erscheinungsdatum 2022
Herstellung: BoD - Books on Demand, Norderstedt

Verlag von Bismarck
Julie von Bismarck
Herrenholz 18
23556 Lübeck
Abbildungen privat, Fotos: privat und istock photo

Für die Pferde.

Vorwort

Wenn ich als Kind meinen Gedanken freien Lauf lassen konnte, flog ich auf dem Rücken eines Pferdes über unendliche Landschaften, die sich schier grenzenlos vor mir ausbreiteten. Wir galoppierten über Felder und Wiesen, durch Wälder und Schluchten und setzten über Gräben, Zäune und Flüsse. Die geballte Kraft der gespannten Muskeln des Tieres unter mir gab mir das Gefühl der absoluten Freiheit und Sicherheit. Als könne mir nichts und niemand etwas anhaben so lange ich bei meinem einzigartigen, starken Freund wäre.

Unser Ziel war meist eine verwunschene Lichtung, umgeben von dichtem Wald. Hohe Buchen, Birken und Fichten säumten ihren Rand und der Boden war übersät von den Sonnenflecken, die durch die Stämme fielen. Ich setzte mich auf einen von ihnen und beobachtete die Staubkörner, die in den Strahlen tanzten wie Tausende kleiner Sterne. Mein Pferd schnaubte mir leise in den Nacken und senkte seine weichen Nüstern dann in das frische Gras. Ich saß einfach nur da, lauschte dem leisen Kauen und zufriedenen Schnauben des Pferdes und war so glücklich, dass mein Herz hätte zerspringen können. Nicht selten rannen die Tränen, die in meinen Tagträumen dem schnellen Galopp geschuldet waren, dann auch in Wirklichkeit über meine Wangen, weil ich mir nichts sehnlichster wünschte, als auch in der echten Welt einen solch starken Freund zu haben.

Ich bin überzeugt, dass es vielen Reitern so erging wie mir, dass sie von einem eigenen Pferd träumten und sich vorstellten, wie wunderbar und magisch das sein würde. Wie groß muss daher die Enttäuschung sein, wenn dieser Traum irgendwann in Erfüllung geht und plötzlich nichts so ist, wie man es sich vorgestellt hat. Festzustellen, dass Reiten deutlich schwieriger ist, als es auf Bildern aussieht, dass es mehr bedeutet, als bremsen, lenken und Gas geben und dass für eine magische Verbindung mit dem Pferd Pferdeliebe alleine nicht ausreicht, dass eine solche Verbindung überhaupt nur dann in Ansätzen möglich ist, wenn man fast alles über die Besonderheiten des Pferdes weiß und keine groben Fehler im Umgang oder beim Reiten macht, ist sicher eine ziemlich ernüchternde Erfahrung. Eine, die leider nicht selten umschlägt in Frustration und Ungerechtigkeit dem Pferd gegenüber. Das Pferd kann nichts dafür, dass Träume sich nicht so einfach in die Realität übertragen lassen, es sucht sich auch nicht aus, geritten zu werden oder Sportpartner zu sein. Es ist daher die Verantwortung des Pferdebesitzers und Reiters, sich so viel Wissen und Können anzueignen, dass er dem Pferd zumindest keinen Schaden zufügt.

Ich finde es ist besser, sich mit dem Grundlagenwissen vertraut gemacht zu haben, bevor man sich auf das Abenteuer Pferd einlässt. Es erspart dem Reiter herbe Rückschläge und, wesentlich wichtiger, dem Pferd Schmerzen und Leid. Denn das ist unglücklicherweise fast immer das Ergebnis.

Reiten ist leider nicht so leicht, wie man es sich wünschen würde. Es erfordert ein hohes Maß an Disziplin und Durchhaltevermögen, um einigermaßen gut zu werden und das Lernen hört nie auf. Es braucht körperliche Fitness und ausgeprägte Selbstdisziplin sowie die Fähigkeit, sich zu 100 % fokussieren zu können. Und etwas, das man nicht erlernen kann: Gefühl. Gefühl für das Pferd, für seine Verfassung, für seine Stimmung und natürlich für den eigenen Körper und den eigenen emotionalen Zustand. Einmal genervt aufzusteigen kann sämtliches mühsam aufgebaute Vertrauen in Sekundenbruchteilen zerstören.

Ja, es ist möglich, die magische Verbindung aus den Kindheitsträumen mit dem Pferd zu erreichen, aber es ist das Ergebnis harter Arbeit. Und zwar nicht etwa am Pferd, sondern an sich selbst. Wunschdenken und Pferdeliebe allein reichen leider nicht.

Diese Buchreihe ist für alle Reiter, Pferdebesitzer, Trainer und Therapeuten gedacht, die mehr über das Pferd und die vielen Verbindungen in seinem Körper lernen möchten. Ich habe sie geschrieben, weil ich mir gewünscht hätte, eine solche Lektüre zur Verfügung zu haben, als mir die ersten besonderen Zusammenhänge im Pferd auffielen. Und weil ich glaube, dass jeder, der dieses Wissen über sein Pferd hat, besser vor Ungerechtigkeit seinem Freund gegenüber geschützt ist.

I. Kapitel
Der Fehler liegt nie beim Pferd

Jeder Reiter kann wohl von Situationen berichten, in denen er mit einem Pferd nicht mehr weiterkam, immer wieder an einer bestimmten Aufgabe scheiterte oder ein sonst jederzeit kerngesundes Pferd urplötzlich von einer Verletzung oder Krankheit nach der anderen heimgesucht wurde. Wir haben in den ersten beiden Bänden dieser Buchreihe bereits viele der Verbindungen und Zusammenhänge besprochen, die in solchen Fällen zugrunde liegen können und uns damit beschäftigt, wie viele dieser Schwierigkeiten wir als Reiter selbst verursachen oder verhindern können. In diesem dritten Teil wollen wir das Bild vervollständigen, indem wir uns unter anderem mit den zwei Haupt-Muskelketten des Pferdes befassen. Wir werden dadurch im Verlauf dieses Buches noch besser verstehen, warum korrektes Training keine Auslegungssache ist und lernen, was wir tun können, um unsere Pferde gesund zu erhalten.
Denn leider werden die allermeisten Schwierigkeiten, mit denen Pferdebesitzer, Trainer und Reiter konfrontiert sind, von ihnen oder anderen Menschen selbst verursacht.

Als ich diesen letzten Teil von „Zusammenhänge im Pferd" zu schreiben begann, konnte ich nicht ahnen, dass ich bald selbst ein Pferd besitzen würde, welches die in diesem Buch hauptsächlich thematisierten Muskelketten und die damit einhergehenden Schwierigkeiten buchstäblich verkörpern würde. Erst als ich mit dem Schreiben bereits fertig war, lernte ich mein Pferd Conor kennen, einen fünfjährigen PRE, der bisher ausschließlich auf seiner dorsalen Muskulatur geritten worden war. Wir werden später in diesem Buch genauer verstehen, was es damit auf sich hat, aber so viel sei an dieser Stelle schon einmal gesagt: Das Pferd hatte eine extrem verkürzte Sitzbeinmuskulatur die bereits die Stellung der Hinterhufe beeinflusste, sodass selbige viel zu steil standen, einen dauerhaft verspannten langen Rückenmuskel, einen Lendenbereich, der bereits Richtung Karpfenrücken ging, fehlbelastete und verspannte Halsmuskulatur, schwache Bauchmuskeln - kurzum: so ziemlich alles, was wir als Reiter eigentlich vermeiden möchten. Reelle Losgelassenheit fehlte vollends, den Hals fallen zu lassen und sich selbst aus zu balancieren, kannte er gar nicht. Als ich das erste Mal (im Schritt) den Zügel hingab, fiel er fast um. Die körperlichen Einschränkungen, die durch diese Art des Reitens im Pferd bereits manifestiert waren, machten ihm das Ausführen bestimmter Bewegungen und Lektionen sehr schwer bis unmöglich. Hätte man diese nun von ihm gefordert, weil man gar nicht erkannt hätte, wie stark eingeschränkt das Pferd allein durch die hineingerittenen muskulären Fehlbelastungen bereits war, wäre dies in erheblichen Schmerzen, Muskelentzündungen und Erkrankungen von Sehnen,

Bändern und Gelenken sowie Organen geendet. Viele Reiter unterschätzen die Wichtigkeit korrekten Trainings und Reitens und etliche Pferde, deren Reiter/Besitzer selbst das Gefühl haben, gar nicht viel von den Tieren zu verlangen, leiden dennoch unter Magengeschwüren, wiederkehrenden Erkrankungen der Haut und/oder der Atemwege und Bewegungsstörungen – einfach, weil die sogenannte Gymnastizierung fehlt mit Hilfe derer das Pferd überhaupt nur in der Lage ist einen Reiter scchadlos zu tragen. Es ist leider Alltag für unzählige Pferde, dass Reiter etwas von ihnen verlangen, was sie aufgrund von körperlichen Gegebenheiten oder mentaler Überforderung gar nicht leisten können. Es ist ebenfalls Alltag, dass Reiter dann zu „Hilfsmitteln greifen, um ihr Ziel dennoch zu erreichen. Es sollte eigentlich niemanden überraschen, dass dies zu gesundheitlichen Schäden im Pferd führt und ich hoffe, dass das ganze Ausmaß mit dieser Buchreihe noch deutlicher wird.

Die von uns in die Pferde hineingerittenen Einschränkungen sind leider durchaus nicht immer zu hundert Prozent reversibel, sei es mental oder körperlich. In Conors Fall hatte ich Glück. Während ich das hier schreibe, habe ich ihn seit gerade einmal vier Wochen und er ist bereits ein völlig anderes Pferd. Aber das ist nicht die Normalität.

Es ist durchaus nicht selbstverständlich, dass sich solche in das Pferd hineingerittenen Fehlbelastungen auflösen lassen. Ich habe Hunderte Pferde untersucht und behandelt, bei denen die Folgeschäden falscher Reiterei bereits so weitreichend und fortgeschritten waren, dass dem Pferd eine Rückkehr zu den natürlichen Bewegungsabläufen nicht mehr möglich gewesen ist. Und diese Entwicklung geht sehr viel schneller vonstatten, als es sich manch einer vielleicht vorstellen kann. Sobald eine Struktur dauerhaft schmerzhaft ist, wird das Pferd dies kompensieren. Dies führt zum Verlust des natürlichen Bewegungsablaufes, die dadurch entstehenden Kompensationen führen bald zu irreversiblen Schädigungen der Knochen, Sehnen, Bänder und Gelenke. Spätestens dann ist eine Rückkehr zu einem natürlichen, schmerzfreien Bewegungsablauf nicht mehr möglich. (Siehe Kapitel „Kompensation" in Teil II).

Wir können Pferde durch falsches Reiten krank machen.

Das ist ein Fakt und steht überhaupt nicht zur Diskussion. Jeder Reiter sollte sich daher der enormen Verantwortung bewusst sein, die er dem Tier gegenüber trägt, besonders im Hinblick auf korrektes Reiten und Training. „Pferdeliebe" wird für die Tiere schnell zur Qual. Ein bestimmtes Maß an Wissen und Können sollten daher für jeden Reiter Voraussetzung sein, wenn man dies vermeiden möchte. Eine gründliche reiterliche Ausbildung und Basiswissen über das Pferd sind dafür die Mindestanforderung und zwar nicht, um den Reiter zu ärgern, sondern um das Wohl und die Gesundheit des Pferdes zu schützen.

Im Fall meines Pferdes Conor gab es mehrere Faktoren, die eine so positive Entwicklung in so kurzer Zeit möglich machten:

- ◆ Ich hatte Glück, denn wir haben uns von der ersten Sekunde an geliebt und uns gegenseitig vollkommen vertraut, was das Herstellen von Ruhe und Gelassenheit als Voraussetzung für ein losgelassenes, entspanntes Pferd deutlich einfacher machte. Er war außerdem seit einem halben Jahr nicht geritten oder gearbeitet worden, was, wenn es in der gleichen Weise wie zuvor geschehen wäre, den vorliegenden Zustand deutlich verschlimmert und eine vollständige Heilung der Schäden unwahrscheinlicher gemacht hätte.
- ◆ Ich hatte die Möglichkeit, ihn die ersten 10 Tage nur auf eine große Weide gehen zu lassen und dann in Babyschritten mit dem Reiten zu beginnen.
- ◆ Er wird artgerecht gehalten, hat so viel freie Bewegung und Gras, wie er möchte und diverse Freunde um sich herum. Raufutter steht nach Belieben zur Verfügung, sein Kraftfutter wird der Belastung sehr genau angepasst.
- ◆ Ich reite maximal 3x die Woche, jeweils für ca. 20 min. Ansonsten spielen wir oder gehen spazieren oder ich sitze einfach nur auf dem Zaun und gucke

ihm beim Grasen zu. (Longieren tue ich überhaupt nicht - weil ich es eh nie tue aber auch, weil es die vorliegenden Probleme noch einmal verschlimmern würde.)

- ◆ Ich habe ihn zu keinem Zeitpunkt an seine Grenzen gebracht, geschweige denn ihn überfordert - und absolut nichts verlangt, von dem ich wusste, dass er es nicht oder nur unter erheblichen Schwierigkeiten leisten würde können. (Aus anatomischen Gründen und des vorherigen Trainings wegen.)

- ◆ Ich habe sehr genau gewusst, was ich erreichen möchte und jeden noch so kleinen Schritt in die gewünschte Richtung sofort überschwänglich gelobt.

- ◆ Es waren in diesem Fall genügend Erfahrung, Gespür und reiterliche Fähigkeiten vorhanden, um das Pferd nicht zu stören und ihm mit sehr wenig Einwirkung den richtigen Weg zu zeigen.

- ◆ Das Pferd hat eine optimal passende Ausrüstung (auch das ist leider nicht selbstverständlich).

Als Conor zu mir kam, lief er haargenau so, wie es heute überall auf social media zu sehen ist und gefeiert wird: eingerollter Hals, keinerlei Dehnungshaltung und ein unbeweglicher Rücken zwischen zwei Beinpaaren, die sich mehr oder weniger separat voneinander bewegen. Zusätzlich noch ein paar Spannungstritte und eine „Piaffe" herauszureiten wäre ein Einfaches gewesen.

Hätte ich ein Video online gestellt, hätte es Tausende Likes bekommen. Und das ist ein wirklich riesengroßes Problem: Vielen Reitern fehlt heute schon das notwendige Wissen und Können, um überhaupt nur unterscheiden zu können, ob es sich um für das Pferd (!) negative oder positive Bilder handelt. Denn auch wenn das vielen schwerfallen mag das zu verstehen: darum geht es. Es geht um das Pferd, nicht darum, Bilder zu produzieren, die dem Reiter gefallen oder seinen „Followern" und im Moment zeigt leider ein großer Teil dieser Fotos unglückliche Pferde.

Diese Entwicklung liegt sicher zu einem großen Teil an den vielen negativen Vorbildern, die auf social media als brillant gefeiert und auf großen Turnieren belohnt werden, es liegt aber auch daran, dass viele Reiter – selbst wenn sie sich eigentlich liebend gerne fortbilden wollen würden – in dem Dschungel der überall aus dem Internet sprießenden Methoden und Ansichten verloren gehen und schließlich gar nicht mehr wissen, was richtig und was falsch ist.

Wäre Conor nun also an jemanden verkauft worden, dem das richtige Können, Wissen und Gespür gefehlt hätten, wären ziemlich sicher in spätestens einem Jahr erhebliche gesundheitliche Einschränkungen und Schmerzen aufgetreten, die weit über die schmerzhaften Verspannungen und muskulären Verkürzungen hinausgehen, mit denen er zu mir kam. Ich möchte niemandem zu nahetreten, aber die weitaus meisten Reiter hätten Conor so gesehen, wie er zu Beginn lief

13

und gesagt: „Der läuft doch super!" Und dann wären sie munter jeden Tag eine Stunde geritten. Macht ja Spaß. Nun, für Conor (und sehr, sehr viele andere Pferde – das wollen wir an dieser Stelle nicht vergessen), wäre dies alles andere als spaßig gewesen. Verspannte Halsmuskeln, Entzündungen in der Rückenmuskulatur sowie Schäden an Fesselträger und Beugesehnen wären vorprogrammiert gewesen. Schon bald wäre sein Rücken immer hohler geworden und irgendwann hätten sich schließlich seine Dornfortsätze berührt, was dann nicht nur das endgültige Aus für seine Karriere als Reitpferd bedeutet hätte, sondern vor allen Dingen enorme Schmerzen. Er wäre in Folge der Unreitbarkeit sehr wahrscheinlich irgendwohin abgeschoben, als „Beistellpferd" verkauft oder zum Schlachter gebracht worden und man hätte sich ein neues „gesundes" Pferd gekauft, denn dieses „war ja ständig krank".

Ich finde es ist nicht hinnehmbar, dass Reiter ihre Pferde kaputt reiten – und zwar egal aus welchem Grund. Sei es, weil sie die Tiere zum Geldverdienen nutzen, oder weil es ihnen zu mühsam ist, sich wirklich ausbilden zu lassen oder sie wie oben beschrieben durch die vielen Auswüchse im Internet schlicht und einfach nicht mehr wissen, was richtig und was falsch ist.

Kenntnisse darüber zu haben, wie die Muskeln und Strukturen im Pferdekörper zusammenwirken, wie man die richtigen Hilfen gibt, um die korrekte Muskulatur zu aktivieren und wie sich die Instinkte des Pferdes auf jede Art von Arbeit auswirken, ist in meinen Augen eine Mindestanforderung für jeden Reiter, und vor allem für jeden, der von sich sagt er würde sein Pferd lieben.

Um es an dieser Stelle schon einmal ganz klar zu sagen:

Korrektes, gesunderhaltendes Training ist keine Auslegungssache. Es richtet sich nach den körperlichen und mentalen Besonderheiten des Pferdes. Und diese sind nun einmal von der Natur vorgegeben.

Conor zu Beginn der Trainingsumstellung: Typisches Bild eines ausschließlich auf der dorsalen Muskelkette gerittenen Pferdes – und leider etwas, das man heute überall in den Sozialen Medien sieht. (Nur dass dort in der Regel zusätzlich auch noch am Zügel gezogen wird). Nase weit hinter der Senkrechten, Hals eingerollt, Spannungstritte, Lendenbereich verspannt und Richtung „Karpfenrücken" gehend, Rücken fest, Vorführphase der Vor- und Hinterhand verkürzt.

Conor nach zwei Wochen oder anders: beim sechsten Mal Reiten. Auch das ist natürlich noch nicht perfekt, aber man kann sehr schön sehen, wie alleine das Reiten in Losgelassenheit und das Aktivieren der ventralen Muskelkette seine Bewegungsabläufe wieder zu normalisieren beginnt: Die Bauchmuskeln arbeiten und heben den Rücken und Widerrist an, das Genick ist offen, Vor- und Hinterhand können entspannter und freier ausgreifen. Ich finde man kann im Vergleich zum ersten Bild sehr gut sehen, wieviel mehr echte Elastizität und positive Spannung im Pferd ist. Als würde er dadurch schwerelos und würde quasi über dem Boden schweben. So soll es aussehen.

2. Kapitel
Stumpfe, faule, widersetzliche Pferde

All die in der Überschrift genannten Begriffe hört man jeden Tag durch Pferdeställe und Reithallen schallen. „Der hat sich heute wieder nur von mir tragen lassen!" „Die war heute mal wieder so zickig!" „Der ist mir schon wieder durchgegangen", sind gängige Sätze unter Reitern und die Liste ist damit bedauerlicherweise längst nicht zu Ende. Ja, es gibt Pferde, die nicht mehr auf die Reiterhilfen reagieren oder es nie gelernt haben - seien es die treibenden, wendenden oder die bremsenden. Es gibt Pferde, die bocken, durchgehen, sich nicht von der Weide holen lassen, steigen, beißen, treten, teilweise sogar wirklich gefährlich und quasi unreitbar sind.

Aber: Kein einziges von ihnen zeigt dieses Verhalten ohne Grund. Diesen Grund zu finden und sofern möglich zu beheben ist die Verantwortung eines jeden Pferdebesitzers und Reiters. Wer das nicht tut, sondern stattdessen, wie es allerorten zu sehen ist, zu „Hilfsmitteln" greift (Sporen, scharfen Gebissen, schmerzhaften Zäumungen, Schlaufzügeln etc.), der fügt dem Pferd damit sehr schnell umfassenden Schaden zu, dessen Ausmaße, wie in Band I und II beschrieben, zu schweren Beeinträchtigungen und bis zum Tod des Pferdes führen können. Bei all den Pferden, die ich während meiner langen Laufbahn als Reiterin, Pferdeosteopathin und Akupunkteurin gesehen habe, war nur ein Bruchteil der körperlichen

18

Einschränkungen durch Unfälle verursacht worden. Und selbst in diesen vergleichsweise wenigen Fällen muss man sich die Frage gefallen lassen, ob einige davon nicht durch mehr Wissen oder Umsicht vermeidbar gewesen wären.

Bei dem weitaus größten Teil aller Pferde lagen die Ursachen in Reiterfehlern / Trainingsfehlern, mentaler und/oder körperlicher Überforderung, falscher Haltung und Fütterung, schlechten Erfahrungen oder einer Mischung aus allem oben Genannten.

Folgendes kann ich daher gar nicht genug betonen:

Wer mit Pferden umgehen oder diese gar reiten möchte, muss sich über eines klar sein: Die Abläufe im Pferd sind von der Natur vorgegeben und jeder Versuch, etwas daran zu verändern, ist ein Eingriff in die mentale und körperliche Gesundheit des Pferdes. Dies kann sehr positiv sein, aber auch in extremem Maße negativ und führt im letzteren Fall immer zu dauerhaften Schmerzen, Verschleiß und Erkrankungen sowohl der Organe als auch des Bewegungsapparates.

Viele denken jetzt vielleicht an den Rennsport, ein wirklich aus der Zeit gefallenes Spektakel, das jedes Jahr etliche Pferdeleben fordert und von dem man glauben sollte, dass es im 21. Jahrhundert keinen Platz mehr hat. Dieser „Sport" ist bis heute nicht verboten, weil er den beteiligten Personen so viele Millionen einbringt und eine dementsprechend starke Lobby hat. Obwohl jeder weiß, dass dort zweijährige Pferde in Rennen geschickt werden, von denen sich jeden Tag etliche die Sehnen und Bänder abreißen, die Beine brechen oder, wenn sie Glück haben, gleich das Genick. Und dass diejenigen, die es überleben und „in Rente" geschickt werden, meist den Rest ihres (häufig kurzen) Lebens unter den physischen und mentalen Folgeschäden dieser Tortur leiden.

Viele denken vielleicht an einige „Sportreiter" im großen Spring- und Dressursport, die auf ihren als Maschinen genutzten Roboterpferden ebenfalls für alle sichtbar das Reiten zu einer Sache verkommen lassen, mit der sich auf Kosten des Tierwohles Geld verdienen lässt. (Glücklicherweise haben wir auch tolle Reiterinnen wie zum Beispiel Ingrid Klimke im großen Sport, die zeigen, was Reiten eigentlich sein sollte: Die über Jahre erarbeitete perfekt abgestimmte Zusammenarbeit zwischen Pferd und Mensch und komplettes beidseitiges Vertrauen).

Es ist ganz klar, dass die Art der Ausnutzung des Pferdes für den eigenen Gewinn wie sie bei manchen Sportreitern oder im Rennsport passiert, weder mit dem Tierschutz noch mit dem ethischen Selbstverständnis eines fühlenden und denkenden Menschen vereinbar sein sollte und diese Bilder sind es auch, die inzwischen einen sehr großen Teil der Bevölkerung dazu gebracht haben, Reiten gänzlich verbieten zu wollen. Ich kann es ihnen beim Anblick so machen „Events" wirklich nicht verübeln.

Aber Schaden wird eben auch anderen Pferden zugefügt und diese Zahl ist verglichen mit der der Renn- und Sportpferde um ein Vielfaches höher.

Die Besitzer dieser Pferde tun dies nicht, weil sie sich etwas davon versprechen (im Gegenteil sie wollen ihren Pferden absolut nichts Böses), sondern schlicht, weil es am nötigen Wissen und Können fehlt. Darunter sind Pferde von Menschen, die sich ein Pferd anschaffen, einfach weil sie schon immer ein Pferd haben wollten und denen die eigene Aus- und Weiterbildung häufig zu langwierig und zu mühsam ist. Da genügt dann oft ein Youtube Video anstelle einer echten Reitausbildung und die matschigen 10 Quadratmeter hinter der Garage als Weide. Darunter sind Pferde von selbst ernannten „klassischen Reitkünstlern", die mit blanker Kandare auf Pferden mit hoch in die Luft gereckten Köpfen und weggedrückten Rücken im Zuckeltrab und Zeitlupen-Galopp im schönsten Viertakt Runde um Runde durch die Reithallen schlurfen, weil es so viel leichter zu sitzen ist und man nicht Gefahr läuft herunterzufallen. Es sind die Pferde all jener Reiter/innen, denen das Pferd zur Aufwertung des Selbstwertes dienen soll, die ihr Geld in passende Kollektionen für Pferd und Reiter statt in die eigene Reitausbildung stecken und ihre Zeit darauf verwenden, Instagramfilter über die professionell geschossenen Fotos und Videos zu legen, anstatt sich mit den Besonderheiten und der Anatomie des Pferdes zu befassen, an der eigenen Fitness zu arbeiten und sich vernünftige Trainer zu suchen. Es sind die Pferde all der viel zu großen und zu schweren Reiter, die sich auf winzige Pferdchen schwingen, weil sie unbedingt „schon immer" reiten wollten, in Wahrheit aber Angst vor Pferden haben …

Und selbst als gut ausgebildeter Reiter ist man nicht davor gefeit, seinem Pferd Schaden zu zufügen. Es hilft nicht, dass die alten Regeln und Werte der Reiterei immer weiter verdrängt werden, weil sie den heutigen Reitern zu komplex und zu mühsam sind.

Früher dauerte die Ausbildung von Reiter und Pferd mehrere Jahre und war nie abgeschlossen. Sprich: auch sehr weit ausgebildete Reiter nahmen lebenslang Unterricht. Heute fällt es vielen Reitern schon schwer, zu verstehen, dass Pferde auszubilden mehr bedeutet, als ihnen Kommandos und Lektionen beizubringen, und dass ein Reiter mehr Fähigkeiten benötigt, als sich mit silikonbesetzter Klebereithose in einem ihn am Pferd fixierenden, auf ihn (nicht etwa auf das Pferd) zugeschnittenen Sattel auf dem Pferderücken halten zu können. Und das eigentliche Ziel, die Gymnastizierung, scheint gar niemand mehr so wirklich zu kennen.

Ich möchte daher an dieser Stelle an die Frage erinnern, welche für uns Reiter zentral sein sollte: Wie können wir sicherstellen, dass das Pferd durch uns und unsere Reiterei keinen Schaden davonträgt?

Die Antwort ist simpel: Indem wir das Pferd korrekt trainieren, artgerecht halten und freundlich mit ihm umgehen.

Pferde sind der Spiegel der Seele – das ist nicht nur ein Sprichwort. Man kann nicht von einem Pferd erwarten, freundlich und gelassen zu sein, welchem man selbst nur unter Anspannung und mit schmerzhaften Methoden begegnet.

Viele Pferdebesitzer und Reiter wären überrascht, wie zugewandt und lieb ein vorher skeptisches, nervöses Pferd plötzlich wird, wenn der Mensch seinen Wunsch nach Kontrolle, seine Skepsis und Anspannung ablegt und ihm liebevoll und gelassen begegnet.

Junger Vollblüter auf dem Weg zum Rennen. Allein die vielen „Hilfsmittel" die hier benötigt werden nur um ein Pferd zu führen, zeugen von der Brutalität dieses „Sports". Die Tiere leiden meist den Rest ihres Lebens unter den Torturen, denen sie unterworfen wurden. Körperlich und mental.

Ein normaler Anblick, auf Turnieren ebenso wie in den Sozialen Medien: Ein bis zum Anschlag festgezurrter Nasenriemen, ein im Maul ziehender Reiter mit Rädchensporen **und** Gerte (da muss man sich ohnehin immer schon einmal fragen, was da nicht stimmt) auf einem nassgeschwitzten Pferd mit schmerzverzerrtem Gesicht. Aber mit Glitzer an den Lackstiefeln, Frack und zur Turnierkleidung passender weißer Gerte… Bilder wie dieses werden jeden Tag tausendfach gelikt und haben Überschriften wie: „Der Puschi war heute wieder soooo toll auf Turnier, er ist einfach mein Seelenpferd!", und dazu tausend Herzchenemojis.

Da muss man sich unwillkürlich fragen, ob diese Reiter/Innen und ihre „Fans" tatsächlich nicht sehen, was dieses Bild abbildet.

Ein alltägliches Bild aus dem großen Springsport. Überschrift: „A happy athlete" – tatsächlich?

Ein Beispiel aus dem sogenannten „Freizeitbereich": Viel zu dünnes Gebiss, falsch verschnallte Trense, Hilfszügel und ein Reiter, der offenbar noch nicht einmal gelernt hat, was eine weiche Hand und Anlehnung ist, aber bereits an Turnieren teilnimmt. Das Pferd muss die Konsequenzen für die unrealistischen Erwartungen des Reiters tragen. Wer glaubt, aus Liebe zum Pferd zu reiten, sollte sich vielleicht öfter mal filmen lassen und einen Blick in das Gesicht des Pferdes werfen. Und vielleicht noch einmal an alle Reitlehrer/Trainer: Wer einen Reitschüler so an einem Turnier teilnehmen lässt, hat seinen Beruf verfehlt.

Ein weiteres Beispiel für Reiten auf Kosten des Pferdes: Eine sehr mangelhaft ausgebildete Reiterin auf einem falsch trainierten Pferd. Zwei Dinge dazu: 1. Auf diesem Niveau haben Sporen und Gerten (und schon gar beides gleichzeitig!) nichts zu suchen. **Ausrüstung ist kein Ersatz für Ausbildung** und wie man unschwer erkennen kann, bohrt die Reiterin dem Pferd die Sporen in die Seite, weil es ihr an Können fehlt. Sporen sind für Reiter gedacht, die so gut reiten, dass sie sie nicht brauchen.

2. Es ist ein gutes Beispiel für das Reiten auf der dorsalen Muskulatur: Der Rücken wird fest und hohl, der Unterhals tritt hervor, Vor- und Hinterhand haben so gut wie keinen Raumgriff. Ein Paradebeispiel für fehlendes Training der ventralen Muskulatur. Was sehr wahrscheinlich auch der Grund für die Bewaffnung der Reiterin ist: Das Pferd hat bereits so viele Baustellen und Schmerzen, dass es nicht mehr von alleine vorwärts laufen mag.

Pferde sind nicht stumpf oder böse, sondern hochsensibel. Sie können Emotionen und Gesichtsausdrücke lesen (selbstverständlich auch bei uns Menschen) und merken sich sowohl negative als auch positive Erfahrungen. Der Teil des Gehirns, der diese speichert, ist beim Pferd enorm ausgeprägt, denn das kann in freier Wildbahn lebensrettend sein. Für das Flucht- und Steppentier Pferd ist es überlebenswichtig, sich merken zu können wo Futter und Wasser zu finden sind und wie man dort hinkommt - es ist aber noch wichtiger zu wissen an welcher Stelle der Löwe für gewöhnlich angreift, damit man sich eine andere Route zum Ziel suchen und der Gefahr von vorneherein aus dem Weg gehen kann. Denn dies ist natürliches Pferdeverhalten. Jedes Pferd wird versuchen, gefährliche Situationen, wenn irgend möglich, von vorneherein zu vermeiden. Erst wenn das nicht gelingt erfolgt die Flucht - und wenn das auch nicht möglich ist der Kampf, dies ist aber immer nur das allerletzte Mittel und wird, wenn es irgendwie geht, vermieden.

Ein Pferd welches sich wehrt ist also wahrscheinlich unter großem Stress. (Manchmal handelt es sich auch um erlerntes Verhalten.) Unterwürfige Pferde mit auf die Brust gezogenem Kopf sind ein gutes Beispiel dafür, wie oft diese angeborene Prägung des Kampf-Vermeidens von Reitern ausgenutzt wird.

Wir müssen uns darüber im Klaren sein, dass jede negative Erfahrung lebenslang abgespeichert wird und dass man diese nicht löschen kann. Wir können nur versuchen, sie durch positive Erfahrungen zu überschreiben – und das ist ein langwieriger und komplexer Vorgang, der durchaus nicht immer funktioniert.

Negative Situationen, die für das Pferd mit Zwang, Gewalt, Schmerzen oder Angst verbunden sind, triggern auch nach Jahren noch höchste Anspannung, Abwehr und Fluchtbereitschaft, und die Erinnerung daran genügt, um ein Pferd in den Ausnahmezustand, Panik und höchsten Stress zu versetzen. Dafür reicht, und das sollte man nicht unterschätzen, ein Geräusch, ein Geruch, eine Geste, ein bestimmtes Licht, eine Stimme oder etliche andere nur erdenkliche Kleinigkeiten, die wir überhaupt nicht wahrnehmen, die jedoch beim Pferd umgehend Anspannung, Angst, Abwehr, Stress und möglicherweise Kopflosigkeit hervorrufen. Gleiches gilt, sobald das Pferd in irgendeiner Weise unter Schmerzen leidet, sei es durch einen unpassenden Sattel, Magengeschwüre, zu schwere Reiter, entzündete Rückenmuskeln oder Erkrankungen, Blockaden, Verletzungen.

Kein einziges Pferd nimmt sich morgens vor, heute mal seinen Reiter zu ärgern.

Pferde sind aufgrund ihrer Vergangenheit als Flucht- und Herdentier auf den mit wenig Versteckmöglichkeiten aber hervorragendem Weitblick ausgestatteten Ebenen der Steppe hoch soziale, friedsame und ebenso furchtsame Wesen. Sie erschrecken sich einfach schnell und es ist daher die Aufgabe des Reiters, an der Resilienz zu arbeiten. Wer stattdessen zu „Hilfsmitteln" wie schärferen Zäumungen, Schlaufzügeln etc. greift, trägt damit zum körperlichen und mentalen Schaden seines Pferdes bei. Darüber sollte sich zumindest jeder Reiter bewusst sein, wenn er das nächste Mal aus lauter Angst vor Kontrollverlust zum scharfen Gebiss greift und die Nase zuschnürt, anstatt an den reiterlichen Fähigkeiten und dem Vertrauen des Pferdes zu arbeiten und vor allen Dingen einmal zu hinterfragen, warum das Pferd ein bestimmtes Verhalten an den Tag legt.

Besonders deshalb, weil wir nur dann Schaden im Pferd verhindern können, wenn das Pferd bei der Arbeit entspannt und losgelassen ist. Dies ist die absolute Grundvoraussetzung für gesunderhaltendes Training, vollkommen egal auf welchem Niveau. Und warum das so ist, wollen wir uns jetzt genauer ansehen.

♦ **Pferde merken sich jede Erfahrung, aber die negativen haben mehr Gewicht. Negative Erfahrungen zu vermeiden, ist daher eines der Hauptziele im Umgang mit dem Pferd.**

3. Kapitel
Grundlagenwissen für korrektes Reiten

Es ist kein Geheimnis, dass korrektes Training die einzige Maßnahme ist, mit der sich Schaden im Pferd durch jede Art von „Nutzung" oder Arbeit vermeiden lässt. Aber was das eigentlich konkret bedeutet, scheint inzwischen ein Mysterium zu sein und dementsprechend entstehen die wunderlichsten und für das Pferd schädlichsten Trainingsmethoden.

Einen sehr wichtigen Punkt wollen wir daher vorab schon einmal festhalten: Korrekter Umgang mit dem Pferd und richtiges Reiten/Training sind keine Auslegungssache und es geht auch nicht darum, welchem „Lager" man zugehört. Dass es überhaupt solche Entwicklungen gibt, ist für das Pferdewohl mehr als abträglich.

Es geht bei der Gymnastizierung/dem Training des Pferdes darum, die natürlichen Bewegungsabläufe des Pferdes zu erhalten und zusätzlich dazu die Muskulatur zu kräftigen, die es benötigt, um uns tragen zu können. Und hier entstehen bereits die ersten Irrtümer: Jeder Reiter weiß, dass das Pferd einen starken Rücken braucht, um ihn schadlos tragen zu können. Leider führt das oft zu der Annahme, man müsse „den Rücken" trainieren, was häufig darin endet, dass viele Reiter ausschließlich auf der dorsalen Muskulatur herumreiten. Dies führt nicht nur zu erheblichen

Schmerzen und massiven Bewegungsstörungen, sondern auch zu einem Hohlwerden/Absinken des Rückens und erreicht damit genau das, was wir durch unser Training eigentlich *verhindern* wollen.

Es ist im Grunde ganz einfach: **Ein starker Rücken wird beim Pferd aus einer starken Bauchmuskulatur erzeugt.**

Genauer: durch diverse Muskeln, die in einer Kette zusammenarbeiten und unterhalb der Wirbelsäule und vor der Hüfte des Pferdes liegen. Darunter sind auch die Bauchmuskeln, welche aufgrund ihrer Funktion als Träger der Bauchorgane nicht nur in der Lage sind, Tragearbeit zu verrichten, sondern bei Anspannung auch den Rücken nach oben aufwölben – wenn sie denn ungestört mit den anderen Muskeln der ventralen (bauchseitigen/unteren) Kette zusammenarbeiten können. Auf diese Weise kann das zusätzliche Reitergewicht kompensiert werden, ohne dass der Rücken hohl wird und der Trageapparat ermüdet.

Das genaue Gegenteil gilt für die Muskeln der Oberlinie, also all jene Muskeln, die oberhalb der Wirbelsäule und hinter der Hüfte des Pferdes liegen: Diese Muskeln sind für Flucht, Schubkraft und Stabilität zuständig, aber überhaupt nicht zum Tragen von Lasten gemacht.

Ich nenne diese Muskeln auch die „Fluchtmuskeln". Zum einen, da sie für eine erfolgreiche Flucht absolut entscheidend sind - generieren sie doch den dafür erforderlichen Schub - zum anderen, weil sie bei jeder

Form von Nervosität, Stress oder Angst anspannen. Wie man sich denken kann überwiegen diese für das Überleben zuständigen Muskeln instinktiv diejenigen, die „nur" den Bauch oben halten, was bedeutet, dass sie bei einem dauerhaft gestressten Pferd die ventrale Muskulatur quasi außer Kraft setzen können.

Das bedeutet für uns Reiter: Sobald das Pferd Angst oder Schmerzen hat oder anderweitig gestresst ist, wird es die dorsale Muskulatur anspannen, was dazu führt, dass es die Muskeln der unteren Kette nicht oder nur sehr eingeschränkt nutzen kann und dass die Muskeln der oberen Kette sehr bald zu schmerzen beginnen, im schlechtesten Fall dauerhaft verkürzen, verspannen und ermüden.

Was uns zu dem nächsten grundlegenden Missverständnis bringt, welches lautet: „Ein angespannter Muskel ist ein starker Muskel."
Das ist falsch. Im Gegenteil: Die Kraft eines Muskels entsteht aus dem Wechsel zwischen An- und Entspannung. Beim Pferd ist es so, dass seine Muskeln die größte Kraft haben (und dabei sogar Energie speichern), wenn sie passiv gedehnt werden, das heißt: arbeiten, ohne sich dabei selbst zu verkürzen.
Das ist besonders klug, denn im natürlichen Bewegungsablauf des Pferdes ist die passive Dehnung der muskulären Gegenspieler untereinander bestimmend. (Wir erinnern uns zum Beispiel an die

Antagonisten Brachiocephalicus und Latissimus dorsi aus Teil II dieser Buchreihe).

Starke Muskulatur bedeutet also Muskulatur, die, wie von der Natur vorgesehen, zwischen Entspannung und Kontraktion wechseln kann. Für manche Muskeln bedeutet dies, dass sie ihre beste Arbeit machen, wenn sie sich selbst gar nicht kontrahieren, sondern einfach nur zwischen ihrer neutralen Position (Entspannung) und der durch die Antagonisten ausgeübten passiven Spannung wechseln.

Dieser optimale Zustand ist heute leider bei den wenigsten Reitpferden gegeben, weil ihre natürlichen Bewegungsabläufe von den Reitern derart gestört werden, dass sie kompensieren müssen, und Kompensation bedeutet immer eine Fehl- und Überbelastung. Nicht nur für die Muskulatur, sondern auch für Sehnen, Bänder und Gelenke. Dass dies, wenn es dauerhaft geschieht, nicht folgenlos bleibt, sollte niemanden überraschen.

Um also den natürlichen Bewegungsablauf des Pferdes zu erhalten und die richtigen Muskeln mit dem Training stärken zu können, ist es hilfreich zum einen verstanden zu haben wie diese untereinander zusammenhängen und zum anderen die reiterlichen Fähigkeiten zu besitzen, um eben jene Hilfen geben zu können, mit denen die notwendige Stärkung der korrekten Muskulatur erreicht werden kann.

Wenn man ein Pferd gesunderhaltend trainieren möchte, gibt es dafür im Wesentlichen zwei bestimmende Faktoren:

1. Die Arbeitsweise seines Gehirns und seine Instinktsteuerung
2. die Funktion seines Bewegungsapparates

Den ersten Punkt haben wir in Band I und II bereits ausführlich besprochen, aber wir sollten uns noch einmal bewusst machen, dass die innere Verfassung eines Pferdes direkte Auswirkungen auf seinen Bewegungsapparat, seine Organe und die Funktion seines Gehirns hat. Anspannung oder Stress bedeuten immer Fight or Flight. Es werden ganz automatisch die dafür notwendigen Muskeln unter Spannung gesetzt, die Versorgung der für eine Flucht unwichtigen Organe reduziert, ebenso wie die Gehirnleistung, welche sich dann ausschließlich auf das „Entkommen" beschränkt. Es wird nicht mehr verarbeitet, in welche Richtung man läuft oder ob man sich (oder andere) dabei verletzen kann. Dafür braucht es keine Säbelzahntiger, Kühe, ratternde Kutschen oder Blaskapellen, ein schlechter Reiter, Überforderung, unpassende Ausrüstung, jede Art von Angst, Zwang sowie Schmerz sind dafür vollkommen ausreichend. Wir sollten uns auch noch einmal daran erinnern, dass Pferde ihren Herzschlag an den des Reiters anpassen. Ein ängstlicher, unsicherer Reiter oder jemand, der seine Emotionen nicht im Griff hat, extrem aufgeregt ist oder gar wütend und grob wird, kann ein Pferd ohne Weiteres in den Fight or Flight

Modus versetzen. Dies hat immer zur Folge, dass das Pferd die für eine Belastung unter dem Reitergewicht falschen Muskeln benutzt und es hat ebenfalls immer zur Folge, dass wir keine Losgelassenheit erreichen werden.

Anders ausgedrückt: Auf einem angespannten, nicht losgelassenen Pferd herumzureiten ist immer schädlich für das Pferd – körperlich und mental.

Und das ist genau der Punkt, an dem es so häufig scheitert: Echte, reelle Losgelassenheit in einem extrem instinktgesteuerten Fluchttier zu erreichen gelingt nur dann, wenn man gegenseitiges Vertrauen aufgebaut hat und zusätzlich dazu auch noch die reiterlichen Fähigkeiten besitzt, um das Pferd nicht nur nicht zu stören, sondern es darin bestärken zu können, sich auch unter dem Reiter zu entspannen und diesen somit *nicht* mit seiner dorsalen, sondern seiner ventralen Muskulatur zu tragen. Mit reiterlichen Fähigkeiten ist sowohl die Körperbeherrschung gemeint, als auch die emotionale Selbstbeherrschung sowie ein außerordentlich feines Gefühl für die Bewegungen des Pferdes und die des eigenen Körpers. Wenn man nicht fühlen kann, ob das Pferd losgelassen ist und seine Bauchmuskeln benutzt, wird man es auch nicht gesunderhaltend trainieren können. Ebenso wenig wird dies gelingen, wenn man nicht weiß, wie die Hilfen dafür gegeben werden oder es an der eigenen Balance fehlt.

Reiten in Perfektion bedeutet unsichtbare, konzentrierte und vollkommen mühelose Kommunikation zwischen Reiter und Pferd. Dafür muss man allerdings als Reiter in der Lage sein, all seine Körperteile unabhängig voneinander und sehr gezielt zu bewegen, anzuspannen oder zu entspannen, zu spüren, wenn man minimal aus dem Schwerpunkt sitzt, fühlen, ob die eigene Hüfte gerade ist, die Schultern entspannt, die Rumpfmuskulatur korrekt gespannt und so weiter.

Bis das gelingt, ist es ein langer und herausfordernder Weg, der sehr viel persönlichen Einsatz und Arbeit an sich selbst erfordert und zwar durchaus die meiste Zeit abseits vom Pferd.

Zusammengefasst können wir an dieser Stelle schon einmal festhalten: Ein ruhiger, gelassener Reiter, der keine Angst hat, stets freundlich bleibt und weiß, was er tut, ist eine wichtige Grundvoraussetzung für gesunderhaltendes Training.

(Eine Ausnahme bilden immer die sogenannten „Lehrpferde". Pferde, die über eine enorme Erfahrung verfügen sowie regelmäßig von sehr guten Reitern gymnastiziert werden und dadurch die körperlichen und mentalen Voraussetzungen haben, um auch einen Anfänger oder einen ängstlichen Reiter unbeschadet tragen und ihm Vertrauen vermitteln zu können.)

◆ **Innere und äußere Losgelassenheit ist die absolut unverzichtbare Grundvoraussetzung für jede Art von Arbeit mit dem Pferd.**

Kommen wir zum zweiten Punkt: der Funktion des Bewegungsapparates. Holen Sie sich eine Tasse Tee oder Kaffee, denn darüber haben wir zwar in den ersten beiden Bänden auch schon viel gelernt, aber bei Weitem noch nicht alles. Es wird also wieder komplex und wichtig.

Es gibt einige Besonderheiten im Körper des Pferdes, welche zum einen jede Form von Arbeit überhaupt erst möglich machen, zum anderen aber von uns Menschen so bemerkenswert leicht zu stören sind, dass wir den Tieren schon durch Kleinigkeiten schaden können.

Zu den für uns Reiter wichtigsten Besonderheiten im Bewegungsapparat des Pferdes zählen:

- die obere und untere Verspannung
- der Trageapparat sowie
- die dorsale und die ventrale Muskelkette

Den Trageapparat haben wir in Teil II ausführlich besprochen, weshalb wir ihn hier überspringen wollen, aber lassen Sie uns einen Blick auf die anderen beiden Punkte werfen.

Die obere Verspannung

Selbige haben wir in Band I eigentlich auch schon besprochen, aber an dieser Stelle ist eine kurze Wiederholung hilfreich.

Die obere Verspannung wird durch das Nacken-Rückenband gebildet, ein hochelastisches Band, welches vom Hinterhauptbein bis zum Kreuzbein reicht und direkt unter dem Mähnenkamm beziehungsweise auf den Dornfortsätzen der Brust- und Lendenwirbelsäule verläuft. Der Halsteil, das Nackenband mit seinen Strängen zu den Halswirbeln 2 bis 5 ermöglicht es dem Pferd, den Kopf blitzschnell anzuheben - selbst aus einer grasenden Position heraus. Es kann, wie die meisten Sehnen Energie speichern und arbeitet wie eine Sprungfeder. Kopf hoch = Kontraktion, Kopf tief = Dehnung und dabei gleichzeitige Aufnahme von Energie/Spannung.

Seine zweite Aufgabe besteht in der Übernahme der Last des Kopfes: Sobald die Nase sich bei geöffnetem Genick in etwa auf einer Höhe mit dem Buggelenk beziehungsweise zwischen Buggelenk und Karpalgelenk befindet, wie es beim wandernden Pferd in freier Wildbahn der Fall ist, kommt Zug auf das Nackenband, welches dadurch den Löwenanteil der Last des Kopfes übernimmt und auf diese Weise ungemein effektiv die Hals- und Rückenmuskeln entlastet. Senkt sich der Kopf noch weiter Richtung Boden, wird neben dem Nackenband auch das Rückenband unter Zug gesetzt.

Am ausgeprägtesten ist dies in der Haltung der Fall, die das Pferd beim Grasen einnimmt: Das Nackenband wird maximal gespannt und diese Spannung geht auf das Rückenband über. Da Selbiges mit den Dornfortsätzen der Rückenwirbel verwachsen ist, wird die Brust- und Lendenwirbelsäule dadurch rein mechanisch in Position gehalten. Etwas, das durch Muskelkraft nicht oder nur unter erheblichem Energieverbrauch möglich wäre und damit für 16 Stunden am Tag nicht praktikabel. (So lange wandert ein Pferd in 24 Stunden normalerweise grasend umher.)

Wichtig noch einmal zur Klarstellung: Das Rückenband hält die Wirbel in Position, aber es wölbt den Rücken *nicht* auf. Das tun die Bauchmuskeln beziehungsweise die Muskeln der ventralen Kette.

Wenn man die dem Mechanismus der oberen Verspannung zugrunde liegende Biomechanik stört, hat das negative Auswirkungen.

- Jedes Reiten/Longieren in einer Haltung, bei der das Genick nicht offen ist (Merksatz: Nüstern vorderster Punkt des Pferdes) setzt die Funktion des Nacken-Rückenbandes außer Kraft. Eine Dehnung des Bandes ist immer dann vorgesehen, wenn das Pferd den Hals locker nach vorne-unten fallen lässt, um die Muskulatur von ihrer Haltearbeit zu entlasten, eine Kontraktion des Bandes immer dann, wenn das Pferd den Kopf hebt.

• Jeder Einsatz von Kraft auf das Genick des Pferdes (was auch über die Einwirkung auf den Unterkiefer passiert), sei es durch harte Hand, zu viel Druck auf dem Zügel, „Hilfszügel" Einsatz oder ins Halfter hängen, kann den Ansatz des Nackenbandes nachhaltig beschädigen. Das ist hochgradig schmerzhaft und führt dazu, dass das Pferd diese von der Natur zur Entlastung seiner Halsmuskulatur eingerichtete Funktion der oberen Verspannung nicht mehr oder nur noch eingeschränkt nutzen kann. In der Folge werden Muskeln in einer Weise beansprucht, für die sie eigentlich nicht gemacht sind. Die Halsmuskulatur verspannt und ermüdet, zumindest wenn dieser Zustand länger anhält, was bei einer akut schmerzhaften Entzündung / Schädigung des Nackenbandansatzes allerdings immer der Fall ist.

• Drei der vier Muskeln, die das Vorderbein am Brustkorb befestigen (und diesen zwischen den Vorderbeinen) sind mit dem Nacken- und/oder Rückenband verwachsen. Dehnt und kontrahiert sich das Nacken-Rückenband nicht mehr wie es dies natürlicherweise tun würde, beeinträchtigt das die Funktion dieser drei Muskeln: Sie werden versuchen zu kompensieren und in der Folge ebenfalls verspannen, schließlich ermüden und dadurch ihrer Arbeit im Trageapparat nicht mehr optimal nachkommen können. Verspannte, hohle Rücken, deren Dornfortsätze sich immer näherkommen, sind die häufige Folge.

Ein Fakt, der offenbar vielen Reitern unbekannt ist. Anders sind die enormen Zahlen von 80 %, 90 % von Pferden mit Auffälligkeiten und Schäden am Ansatz es Nackenbandes aus den vielen Studien zu diesem Thema nicht zu erklären. Ein ungestört und schmerzfrei arbeitendes Nacken-Rückenband ist also nicht nur für das Pferdewohl, sondern auch für jeden Reiter von größter Bedeutung. Natürlich können auch die mit dem Nacken-Rückenband verwachsenen Muskeln anders herum die Funktion des ersteren nachhaltig beeinträchtigen, wenn sie selbst verspannt oder dauerhaft verkürzt sind. Dies sieht man häufig bei Pferden, die zwar keinerlei Schäden am Nackenband ausweisen, den Hals und Kopf aber dennoch nicht oder nur unter großen Schwierigkeiten reell und locker fallen lassen können. Meist sind dies Pferde, die ausschließlich auf der Muskulatur der Oberlinie geritten wurden und die nicht gelernt haben, unter dem Reiter die Muskeln der ventralen Kette zu engagieren, den Rücken anzuheben und die Muskulatur der Oberlinie zu entspannen. Ob in die eine oder in die andere Richtung: Es entsteht immer ein negativer Kreislauf, der sich schnell auf den gesamten Bewegungsapparat des Pferdes auswirkt und der nur sehr schwer zu durchbrechen ist.

Die Wahrscheinlichkeit, dass ein Pferd in freier Wildbahn Schwierigkeiten mit dem Nacken-Rückenband bekäme, geht gegen null.

Es ist also klar, dass wir Menschen diese Schäden verursachen.

Wanderndes Wildpferd in natürlicher Haltung. Bei einem solcherart locker aus dem Widerrist fallenden Hals übernimmt das Nackenband (mit dem Nackenstrang) einen großen Teil des Gewichts des Kopfes und die obere Halsmuskulatur kann entspannen. Dies führt zu einem optimalen Gleichgewicht zwischen oberer und unterer Muskelkette, lockerem Rücken und ist extrem energiesparend.

Die Funktion des Nacken-Rückenbandes erläutert von Mutterstute und Fohlen: Bei der Stute sind Nackenband und Nackenstrang maximal gedehnt, der Zug hat sich auf das Rückenband übertragen, welches nun gegen das Gewicht der Bauchorgane die Wirbelsäule in Position hält. Gleichzeitig speichern Nackenband und Nackenstrang beim Grasen Energie, die dann zum plötzlichen Anheben des Kopfes genutzt werden kann und die Kontraktion dadurch noch deutlich schneller macht, so wie hier vom Fohlen demonstriert. Bei dem Fohlen halten Nackenband und Nackenstrang in dieser Position außerdem gerade den Hals und den Kopf oben und unterstützen damit seine Halsmuskulatur.

Die untere Verspannung

Das Gegenstück zum Nacken-Rückenband bildet die Linea Alba, die weiße Linie. Es handelt sich hierbei um einen Sehnenstrang, der von der Spitze des Brustbeines mittig unter dem Bauch bis ins Becken zieht und gewissermaßen das „Rückenband des Bauches" bildet. Eine elastische, sehnige Verbindung, welche durch ihre Spannung den Bauch mitträgt.

Drei der vier Bauchmuskeln haben Ansätze in der Linea Alba, genau wie drei von vier Muskeln des Trageapparates mit dem Nacken- und/oder Rückenband verwachsen sind. Beide Verspannungen sind sich also sehr ähnlich. Die Zusammenarbeit der oberen und unteren Verspannung ist für einen 16 Stunden am Tag grasenden Vierfüßler eine bemerkenswert kluge Einrichtung, da allein die von unten an der Wirbelsäule aufgehängten Eingeweide des Pferdes den Rücken sonst sehr schnell gen Boden ziehen würden: Nur die Därme erreichen während der Nahrungsaufnahme durch Futter und Verdauungssäfte leicht ein Gewicht von 200 kg und mehr, man kann sich also vorstellen, wie viel Muskelkraft notwendig sein würde, um den Rücken nur durch Muskeln am Durchhängen zu hindern. Andererseits kann man sich ebenfalls denken, dass zwei sehnenartige Bänder wie das Nacken-Rückenband und die Linea Alba alleine dieser Aufgabe auch nicht gewachsen wären. Das ungestörte Zusammenspiel von

Nacken-Rückenband, Linea Alba und Muskulatur ist daher Voraussetzung für die Gesundheit des Pferdes.

Lassen Sie uns in diesem Zusammenhang noch einmal kurz auf das vorwärts-abwärts Reiten schauen, denn wahrscheinlich wird keine Lektion so häufig und nachhaltig „missverstanden" wie diese. Was ziemlich sicher daran liegt, dass es eine der reiterlich schwierigsten Anforderungen ist, insbesondere dann, wenn das Pferd nicht von Anfang an korrekt geritten wurde.

Um es gleich vorwegzunehmen: Ein korrekt vorwärts-abwärts gerittenes Pferd läuft *nicht* „auf der Vorhand", wie es so oft von Personen beteuert wird, welche die Lektion entweder nicht verstanden haben oder sie nicht reiten können. Bei einem korrekt vorwärts-abwärts gerittenen Pferd hebt die positiv gespannte ventrale Muskulatur den Bauch und Rücken an, Iliopsoas, Quadriceps und Tensor fasciae latae sowie der lange Zehenstrecker bringen die Hinterhand weit und losgelassen, das heißt positiv gespannt unter den Körper, der Arm-Kopf-Muskel lässt die Vorhand locker und weit nach vorne greifen, der Brustbein-Unterkiefermuskel bildet eine federnde Verbindung zwischen Brustkorb und Kiefer, das Pferd kaut entspannt, es ist keine falsche Spannung im Kopf/Hals Bereich vorhanden. Auch die Muskulatur der Oberlinie ist locker und entspannt, alle Muskeln können optimal arbeiten und zwischen An- und Entspannung wechseln. Das Pferd läuft deshalb nicht auf der Vorhand, weil durch die in dieser Haltung überwiegende Aktivität der ventralen Muskulatur der Schwerpunkt quasi mittig des Pferdeleibes „in der Luft hängt" und alle vier Beine sich federnd und frei bewegen können. Ein falsch vorwärts-abwärts gerittenes Pferd hingegen trägt tatsächlich viel mehr Last auf der Vorhand. Denn wenn man, wie es leider überall zu sehen ist, einfach nur den Kopf „nach unten" bringt, ohne darauf zu achten, dass das Genick offenbleibt, die Nüstern den vordersten Punkt des Pferdes bilden und vor allen Dingen ohne den Rücken anzuheben und die Hinterbeine weit unter den Körper schwingen zu lassen, dann hat dies nichts mit vorwärts-abwärts zu tun.

Es handelt sich in so einem Fall weiterhin um ein Reiten auf der dorsalen Muskulatur mit weggedrücktem Rücken, nur eben mit einem tiefergehaltenen Kopf und Hals.

MERKE: Nur weil Hals und Kopf des Pferdes „unten" sind, ist das also noch lange kein vorwärts abwärts und es bedeutet erst recht nicht, dass das Pferd dadurch den Rücken anhebt.

Ein Pferd kann die Nase am Boden und dennoch einen hohlen Rücken haben, weil es schlicht die ventrale Muskulatur nicht engagiert.

Und genau das ist der Punkt: Korrektes v/a bedeutet, dass das Pferd so gut ausbalanciert und gekräftigt ist, dass es den Hals mit der Nase als vorderstem Punkt bei

48

angehobenem Widerrist und Rücken nach vorne unten strecken kann. Auf welcher Höhe die Nüstern dabei getragen werden kann variieren, von etwas unter Buggelenkshöhe bis hin zum Boden. Das Wichtigste: offene Ganasche, Nüstern vorderster Punkt des Pferdes, angehobener Widerrist und Rücken und zwar letzteres immer als Einheit. Es ist einfach, nur den Widerrist etwas höher wirken zu lassen oder die Kruppe und Lende nach oben zu bringen – gemeint ist ein positiv gespanntes Anheben des gesamten Rückens, vom Widerrist bis hin zur Lendenwirbelsäule, bei weit unter den Schwerpunkt fußenden Hinterbeinen und frei ausgreifender Schulter/Vorhand.

Ein korrekt vorwärts-abwärts laufendes Pferd kann nicht negativ angespannt sein. Daher ist vorwärts-abwärts Reiten das wichtigste Kriterium zur Überprüfung der Losgelassenheit.

Was viele unterschätzen: Es braucht ein enormes Maß an Geschick und Einfühlungsvermögen, um ein Pferd in einem korrekten vorwärts-abwärts zu reiten. Der Reiter muss in der Lage sein, seine Rumpfmuskulatur in einer ganz bestimmten Weise anzuspannen und entlastend zu sitzen, ohne dabei die positive Spannung zu verlieren. Er muss spüren können, wenn ihm der Rücken entgegenkommt und das Pferd animieren, sich vertrauensvoll und mit positiver Spannung im Körper zu dehnen.

Was in erster Linie bedeutet: Er darf das Pferd in keiner Weise stören. Besonders bei Pferden, die mit erheblichem Druck auf dem Zügel, scharfen Zäumungen etc. geritten wurden und so gelernt haben, sich einzurollen und zu verkriechen, ist es oft eine Aufgabe über Monate, wenn nicht Jahre, bis das Vertrauen in korrektes vorwärts-abwärts wieder hergestellt werden kann. Dies ist wohl ebenfalls einer der Gründe, warum man es so selten sieht.

Merke:
Korrektes vorwärts-abwärts ist in der Gymnastizierung des Pferdes durch nichts zu ersetzen und jeder Reiter sollte sich die Mühe machen, es zu erlernen.

Mit Schlaufzügeln zum vorwärts-abwärts: Das auf dem Bild ist **kein** vorwärts-abwärts. Dieses Pferd läuft in der Tat auf der Vorhand und in den Boden und zeigt damit das Gegenteil von dem, was wir mit einem korrekten vorwärts-abwärts erreichen wollen. In einer solchen Haltung können weder die untere und obere Verspannung (die Bänder), noch die obere und untere Muskelkette in ihrer natürlichen Weise arbeiten. Das Pferd versucht all die unterbundenen natürlichen Bewegungen zu kompensieren und verspannt immer mehr. Reiten oder Longieren in so einer Haltung fügt dem Pferd **immer** Schaden zu. Da gibt es keine Ausnahmen.

51

Conor lernt die ersten Schritte des korrekten vorwärts-abwärts. Rücken und Widerrist angehoben, frei unter- und vorfußende Hinter-und Vorderbeine, locker fallender Hals, offenes Genick. Man kann sehr schön sehen, wie durch das Reiten im Gleichgewicht das Pferd an Leichtigkeit gewinnt und durch die losgelassene positive Spannung zwischen oberer und unterer Muskulatur quasi in der Luft schwebt.

Ausbalanciertes Pferd in korrektem vorwärts-abwärts. Hier mit etwas tieferem Hals und Kopf, wie man sieht „schwebt" es trotzdem positiv gespannt über dem Boden. Die Höhe oder Tiefe des Halses hat bei einem korrekt trainierten und über die ventrale Muskulatur ins vorwärts-abwärts gerittenen Pferd keine Auswirkungen auf die Verteilung des Gewichts, da der Schwerpunkt in der Mitte des Pferdes bleibt. **So ein Pferd läuft nicht auf der Vorhand**, sondern zeigt im Gegenteil ein positiv gespanntes, im natürlichen Bewegungsablauf uneingeschränktes Pferd mit angehobenem Rücken und Widerrrist, welches mit Vor – und Hinterhand locker und weit ausgreift und korrekt bemuskelt ist.

4. Kapitel
Muskeln

Lassen Sie uns, bevor wir zu den beiden so wichtigen Muskelketten des Pferdes kommen, zum besseren Verständnis der Bedeutung korrekten Trainings einen Blick darauf werfen, wie Muskeln generell funktionieren und wie diese beim Pferd zusammenarbeiten. (Wie immer zugunsten des besseren Verständnisses stark vereinfacht dargestellt).

• Muskeln bewegen durch Verkürzung und Verlängerung (Kontraktion, Entspannung und Dehnung) alle Knochen und Gelenke im Körper und sorgen so für Bewegung und Fortbewegung. Man kann es sich so vorstellen, dass die Strecke zwischen Ansatz und Ursprung des Muskels sich durch die Kontraktion verkürzt, das macht es leichter, sich die dadurch ausgelösten Bewegungen zu verdeutlichen.

• Kein Muskel arbeitet für sich alleine. Jeder Muskel hat einen Gegenspieler, einen sogenannten Antagonisten, denn Muskeln können sich zwar alleine zusammenziehen, nicht aber selbst wieder verlängern. Der Gegenspieler bringt den jeweils anderen Muskel wieder in seine neutrale Ausgangsposition zurück, indem er sich selbst verkürzt. Diese Muskelpaare ergänzen sich also, indem sie gegenteilige Bewegungen auslösen.

• Muskelkraft entsteht aus der Kontraktion oder der Dehnung aus einer neutralen Position heraus. Können Muskeln nicht zwischen Anspannung, Dehnung und Neutralität wechseln, verspannen sie dauerhaft und verlieren dadurch ihre Kraft. Ein bereits kontrahierter Muskel kann sich naturgemäß nicht mehr weiter verkürzen, also auch keine Kraft erzeugen. Auch die Dehnung wird im Fall der dauerhaften Kontraktion eines Muskels immer schwieriger. Dies ist aber in fast allen Bereichen des Bewegungsapparates notwendig, um eine reibungslose Funktion zu gewährleisten. Wenn der eine Muskel sich nicht dehnen/verlängern kann, kann der Gegenspieler dieses Teams sich ergo nicht mehr optimal verkürzen und auch er verliert seine Kraft.

• Muskeln arbeiten in Gruppen und sogenannten „Muskelketten" zusammen. Ist ein Teil einer solchen Gruppe oder Kette beeinträchtigt, können die anderen Muskeln ihrer Aufgabe ebenfalls nicht mehr wie vorgesehen nachkommen.

• Muskeln des Bewegungsapparates setzen sich aus drei unterschiedlichen Faserarten zusammen:

1. Typ I: Diese Fasern enthalten reichlich Muskelfarbstoff und sind daher rot gefärbt. Sie arbeiten mit Sauerstoff und die Energie wird verhältnismäßig

langsam erzeugt. Diese Fasern sind außerordentlich ausdauernd und ermüden kaum.

2. Typ II A: Dies sind weiße Fasern, die vorwiegend anaerob (ohne Sauerstoff) arbeiten, extrem schnell reagieren und ebenso schnell ermüden. Sie haben also eine kraftvolle Aktivität, aber keine längere Leistungsfähigkeit.

3. Typ II B: Hierbei handelt es sich ebenfalls um schnelle weiße Fasern, die allerdings eine höhere oxidative Kapazität haben und dadurch weniger schnell ermüden als die des Typs II A.

In jedem Muskel sind alle drei Arten vorhanden (oder sollten vorhanden sein), allerdings zeigte sich in Studien, dass züchterische Selektion hier zu starken Veränderungen geführt hat. In einer dieser Studien (Bünger et al.) wurde die Zusammensetzung der Fasern im Glutaeus medius verschiedener Warmblutrassen verglichen. Das Ergebnis war für Pferdezüchter wahrscheinlich wenig überraschend, aber für den normalen Pferdemenschen vielleicht schon: Trakehner besaßen doppelt so viele Typ I Fasern wie andere Warmblutrassen und am wenigsten Typ II A&B Fasern. Dies erklärt die hohe Ausdauer und Belastbarkeit dieser Rasse im Vergleich zu anderen Warmblütern.
Tests bei Körungen haben außerdem gezeigt, dass in den heutigen Pferden überwiegend die „schnellen" Fasern

vom Typ II zu finden sind und kaum noch solche vom Typ I. Das bedeutet im Klartext: Diese Pferde mögen sich „spektakulär" bewegen können und unnötig hohe Sprünge überwinden, aber ihre Muskulatur ermüdet extrem schnell. Mit all den negativen Folgen wie Schmerz, Verspannung, Kompensation, Fehlbelastung der Sehnen und Gelenke, organischen Erkrankungen und solchen des Bewegungsapparates.

• Es gibt drei verschiedene Arten muskulärer Arbeit, die grundsätzlich jeder Muskel ausführen kann, allerdings sind einige Muskeln eher für die eine oder die andere geeignet. Sogenannte Bewegungsmuskeln, die also tatsächlich Knochen bewegen und Bewegungen auslösen, sind zum Beispiel eher nicht geeignet, um über einen längeren Zeitraum Haltearbeiten zu verrichten.
Die drei Arten muskulärer Arbeit sind:

1. Die klassische Kontraktion, bei der sich ein Muskel verkürzt und dadurch einen Knochen bewegt.

2. Die kontrollierte Längenzunahme, um eine Bewegung zu zulassen: Der Muskel spannt gegen, erlaubt aber nach und nach seine Dehnung, um eine kontrollierte Bewegung zu erreichen. Das hört sich nach Yoga an und ist es im Grunde genommen auch. Dies ist die Art der Arbeit, in der die Muskeln des Pferdes am meisten Kraft entwickeln und sogar Energie aufnehmen können.

3. Die dritte Art ist das Anspannen des Muskels gegen einen Widerstand, um seine aktuelle Länge beizubehalten. Der Muskel kontrahiert also, ohne dabei eine Bewegung auszulösen. Dies ist bei jeder Haltearbeit der Fall und es ist die anstrengendste Form der muskulären Arbeit.

Lassen Sie uns zum besseren Verständnis einen kleinen Selbstversuch machen: Gehen Sie in eine „plank". Hier und jetzt. Legen Sie das Buch zur Seite, gehen Sie in die Liegestütze (auf die Hände oder die Ellbogen) gerader Rücken, Bauchnabel Richtung Wirbelsäule ziehen, eine stabile gerade Linie bilden, eben wie ein Brett (plank). Wie lange können Sie das halten, ohne dass Ihre Muskeln zu brennen beginnen? 10 Sekunden? 30? Falls Sie es schon mal gemacht haben und gut trainiert sind vielleicht sogar eine Minute? Wenn Sie das nun jeden Tag für einige Sekunden üben, werden daraus irgendwann Minuten. Es bleibt anstrengend, aber der Zeitraum, über den Sie es halten können verlängert sich - vorausgesetzt Sie nehmen die korrekte Haltung ein. Genauso ist es beim Pferd. Wir können Muskeln also effektiv trainieren, aber es dauert wirklich lange, bis die Zeiträume länger werden, über die der Muskel die Arbeit verrichten kann, ohne zu schmerzen und zu ermüden. Dies ist einer der Hauptgründe, weshalb ein junges Pferd erst nach langer, gewissenhafter Vorbereitung - und auch dann immer nur sehr kurz - in Aufrichtung geritten werden darf und warum das regelmäßige nach vorne unten dehnen lassen des Pferdes in jedem Alter und in allen Gangarten während des Trainings essenziell wichtig ist. Ebenso wie ausgiebige Schrittpausen am hingegebenen Zügel. Denn nur in dieser Haltung kann das Nackenband die Last des Kopfes übernehmen und den Halsmuskeln die Möglichkeit geben, sich zu entspannen. Das gilt selbstverständlich auch für ältere Pferde, die nicht korrekt trainiert sind und ist bei etlichen Dressurpferden gut zu sehen. Haben Sie sich schon einmal gefragt, warum nach einem Grand Prix selbst solche Pferde, die in der Prüfung scheuten, bockten oder stiegen, sobald der Reiter nach der Schlussaufstellung die Zügel lang lässt den Hals fallen lassen? Wie „entspannt" sie plötzlich sind? Nun, es handelt sich nicht um echte Entspannung. Es ist schlicht die einzige Möglichkeit des Pferdes, endlich die schmerzenden Halsmuskeln zu entlasten. Natürlich ist dies nicht bei allen Dressurpferden so, aber wenn man einmal darauf achtet doch signifikant gehäuft bei jenen, die in der Prüfung bereits mit weggedrücktem Rücken liefen.

Die Halsmuskeln, das wollen wir an dieser Stelle noch einmal festhalten, sind mit den Muskeln der Vorhand, des Rückens, des Bauches und der Hinterhand verbunden. Alle Vorgänge im Hals betreffen daher immer den gesamten Körper und in diesem Fall verspannt garantiert als Erstes die gesamte dorsale Muskelkette. Zum Beispiel wenn der Splenius durch die zu oft und zu lange geforderte, schlecht oder gar nicht vorbereitete Aufrichtung dauerhaft anspannt und mit ihm der lange Rückenmuskel, der Gluteaus medius und die langen Sitzbeinmuskeln ("Hamstrings"): Der Rücken wird hohl/biegt sich nach unten durch, die Kruppe kommt hoch und die Hinterbeine laufen nach hinten heraus.

Es gibt nur eine Möglichkeit, dies zu verhindern und die dorsalen Hals- und Rückenmuskeln zu kräftigen, und das ist: die ventrale Muskelkette zu aktivieren. Denn diese Muskeln sind nun einmal weitaus eher darauf spezialisiert, Lasten zu tragen, als die oberen. (Was natürlich nicht bedeutet, dass sie nicht ebenfalls irgendwann ermüden.) Der Weg zu einer gesunden Aufrichtung führt über die Arbeit der ventralen Muskulatur, über einen angehobenen Bauch und Rücken und weit unterfußende Hinterbeine. Und daher wiederholen wir:
Das korrekte vorwärts-abwärts ist der Grundstein für korrektes Training. Wenn ein Pferd diese Haltung unter dem Reiter nicht einnimmt, ist dies immer ein Hinweis darauf, dass es bereits in einer Kompensation läuft und/oder vollkommen falsch trainiert wurde.

Es gäbe natürlich noch deutlich mehr über Muskulatur zu schreiben, aber alleine bei den oben genannten Punkten sollte schon etwas auffallen: Wenn fehl-/überbelastete und dadurch in Anspannung verharrende

Muskeln zu schmerzen beginnen und ihre Kraft verlieren, was passiert dann, wenn jene Muskeln betroffen sind, die den Rumpf des Pferdes zwischen den vier Beinen halten? Wie wir alle wissen, ist der gesamte Rumpf beim Pferd für eine optimale Stoßdämpfung und Kraftübertragung in einer Art Hängematte aus Muskeln zwischen den Vorderbeinen aufgehängt. Dies ist der in Teil II ausführlich besprochene Trageapparat.

Mit den Hinterbeinen ist der Rumpf über die Hüftgelenke verbunden, große Kugelgelenke, die ebenfalls von einer Vielzahl an Muskeln und Bändern stabilisiert werden. Das Hinterbein bildet also mit seinem Oberschenkelkopf im Hüftgelenk eine kräftige gelenkige Verbindung zum Beckenring und das Becken selbst ist in den Kreuzdarmbeingelenken mit der Wirbelsäule verbunden. Bei Letzteren handelt es sich um außerordentlich bewegungsarme, straffe Gelenke, die in erster Linie durch Muskeln und Bänder stabilisiert werden. Sie sind flächenmäßig weder besonders ausgedehnt, noch haben sie Kugelgelenke wie andere große Gelenke (z. B. Hüfte und Schulter). Es handelt sich lediglich um die rauen Knochenflächen an den Innenseiten der Darmbeinschaufeln und der Basis des Kreuzbeines, die sich auf wundersame Weise wie ein Puzzle ineinanderfügen und dann von straffen Bändern in Position gehalten werden. Es ist also einleuchtend, dass die beiden Kreuzdarmbeingelenke alleine niemals in der Lage wären, das Becken und die Hinterbeine mit all den erheblichen Kräften, die dort generiert werden, am Rücken zu befestigen. Aus diesem Grunde sind etliche Muskeln und Bänder an der Stabilität und Funktion der Kreuzdarmbeingelenke beteiligt. Gleiches gilt für die Hüftgelenke, welche ohne erhebliche muskuläre Unterstützung ebenfalls nicht in der Lage wären, das Becken (und damit im weitesten Sinne den Rumpf) zwischen den Hinterbeinen zu befestigen. Deswegen hat diese hintere Aufhängung viele Muskeln und Bänder, die Verbindungen zwischen den Beckenknochen, der Wirbelsäule, den Faszien und den Hinterbeinen herstellen sowie zwischen dem Becken und dem Brustbein (so wie die vordere zu Schädel, Nacken-Rückenband, Halswirbelsäule, Brust-Lendenfaszie etc.).

All diese Muskeln, Bänder und Sehnen müssen frei von Verspannungen, Bewegungseinschränkungen und/oder Schmerzen sein, damit der natürliche Bewegungsablauf des Pferdes funktioniert und keine Schäden entstehen.

Wir sind uns also einig, dass sämtliche Muskulatur, welche an der Aufhängung des Rumpfes zwischen Vorder- und Hinterbeinen beteiligt ist, elastisch, geschmeidig, schmerzfrei und ungestört arbeiten können muss, damit das Pferd keinen Schaden nimmt.
Und hier kommt der große Haken: Die Wahrscheinlichkeit, dass ein Pferd in freier Wildbahn Schwierigkeiten mit diesen Muskeln bekommt, geht

genauso gegen null, wie dass es selbige mit dem Nacken-Rückenband hat.

Aber: Bei etwa 95 % aller Reitpferde, die ich während meiner aktiven Karriere als Pferdeosteopathin und Akupunkteurin behandelt habe, lag eine deutliche Ermüdung der Tragemuskulatur vor.

Es drängt sich also die Frage auf, warum das so ist und die Antwort ist einfach: Reitet man auf einem Pferd ohne dabei die ventrale Muskulatur zu engagieren, führt dies früher oder später immer zu einem Absinken des Brustkorbes zwischen den Vorderbeinen. Es ist dabei unerheblich, ob die Ursache in mangelnden reiterlichen Fähigkeiten, einer schmerzhaften Entzündung /Schädigung des Nackenbandes oder bereits dauerhaft verspannten Muskeln der dorsalen Kette liegt, die es dem Pferd auf diese Weise unmöglich machen, seine ventrale Muskulatur zu nutzen.

Und genau dies ist der Grund, warum korrektes Training keine Auslegungssache ist, warum wir Losgelassenheit als Grundvoraussetzung für gesunderhaltendes Training benötigen und warum jede Art von schlechter Reiterei dem Pferd Schaden zufügt:

Wir brauchen lockere Muskulatur, die mühelos zwischen An- und Entspannung wechseln und somit optimal arbeiten kann und wir müssen die richtigen Muskeln kräftigen, nämlich die der ventralen Kette, damit der Rücken des Pferdes nicht immer hohler wird und der Brustkorb nicht immer weiter absinkt. Nur mithilfe dieser ausgeklügelten muskulären Verspannung kann sich die Muskulatur der Oberlinie aufbauen und wachsen.

Nun fragt sich vielleicht der eine oder andere Leser, warum dann nicht überall so geritten wird, dass die Muskeln der ventralen Kette gestärkt werden und die der dorsalen Kette passiv arbeiten und sich dadurch aufbauen können. Die Antwort ist leider ernüchternd: Weil es den meisten heutigen Reitern zu mühsam geworden ist, sich über viele Jahre vernünftig ausbilden zu lassen und alles Notwendige über das Pferd zu lernen. Denn genau dafür gab es früher all die Regeln zur Ausbildung von Reiter und Pferd. Sie waren nicht dafür da, um es dem Reiter besonders schwer zu machen oder ihn zu ärgern, sondern dienten dem Schutz und der Gesunderhaltung des Pferdes.

In den letzten Jahrzehnten wurde diese Art des Reitens immer mehr verdrängt. Die Gründe dafür habe ich in meinen anderen Büchern hinlänglich beschrieben, aber kurz gesagt wichen die hohen Anforderungen immer weiter der Bequemlichkeit der Reiter - und dem schnellen Geld, das auf Kosten der Pferde verdient werden konnte. Sei es in „Reitschulen" mit 50 und mehr Pferden, die nie das Tageslicht erblickten und in Ständerhaltung ihr Leben fristeten, oder in der immer größer werdenden „Sportreiterei", die zu immer mehr Berufsreitern führte, also Menschen, die mit dem

Gewinn von Wettbewerben und der schnellen „Ausbildung" von Pferden ihren Lebensunterhalt verdienten und denen dadurch oftmals so ziemlich jedes Mittel Recht war, um die Pferde so schnell wie möglich zu immer höheren Leistungen zu treiben. (Natürlich gilt das nicht für alle Reitschulen und nicht für alle Sportreiter!) Aber aus diesem Niedergang der Werte und Regeln der echten Reiterei entstanden Reiter, die von diesen Regeln und Werten nie gehört haben.

Und das ist leider auch heute noch vielerorts so. Pferdebesitzer, denen es zu mühsam und zu langwierig ist, sich zu einem guten Reiter ausbilden zu lassen, um ihr Pferd auf die korrekte Art und Weise trainieren zu können, schauen einfach ein bisschen im Internet herum und finden Hunderte „Reitweisen", die für sich proklamieren, pferdefreundlich zu sein und die – ist das nicht ein fantastischer Zufall – von wirklich jedem noch so unbegabten Reitanfänger nachzumachen sind. Kurz gesagt: Es gibt leider genügend Möglichkeiten, um ein Pferd mit anderen „Reitweisen" und Mitteln gefügig zu machen. Und da diese von jedem kopiert werden können, weil sie schlicht keine komplexe reiterliche Ausbildung oder andere profunde Kenntnisse voraussetzen, verbreiten sich diese „Reitweisen" wie ein Lauffeuer. Wie in Band I beschrieben, haben wir es hier mit einem sogenannten Shifting Baseline Syndrom zu tun: Wenn man etwas über eine längere Zeit als normal darstellt, wird es irgendwann zur Normalität. Und so findet es heute eben keiner mehr erwähnenswert, dass Bilder von

Reitern auf Pferden mit weggedrückten Rücken (sei es mit in die Luft gestreckter Nase oder mit der Nase an der Brust, beide „Reitweisen" haben ja viele „Fans") tausendfach in den sozialen Medien kursieren und dort ebenso tausendfach geliked und begeistert geteilt werden. Für die Pferde ist das eine absolut grauenvolle Entwicklung.

Korrektes Training ist keine Auslegungssache. Das Ziel der Grundausbildung des Pferdes ist es, ein verlässliches Vertrauensverhältnis zu schaffen, um Losgelassenheit und Balance zu erreichen sowie eine starke, das heißt unverkrampfte und optimal gekräftigte Rumpf- und Bauchmuskulatur aufzubauen. Der Rücken soll aus dem Bauch heraus angehoben werden und durch die dadurch entlastete und entspannt zwischen An- und Entspannung wechselnde Rückenmuskulatur elastisch schwingen. Der Hals fällt locker aus dem Rücken heraus nach vorne-unten, die Vorhand greift weit nach vorne aus, die Hinterbeine schwingen weit und elastisch unter den Körper. Bevor dies nicht verlässlich erreicht ist, dürfen keine weiteren Lektionen oder Anforderungen gestellt werden. Erst wenn ein Wechsel aus der positiven Spannung in die Entspannung jederzeit möglich ist, darf man damit beginnen, die Vorhand aufzurichten. Dabei sollen Hals und Widerrist angehoben werden und die Hinterhand „niedriger" werden. Damit dies ohne Kompensationen und Schäden gelingt, müssen die dorsale und die ventrale Muskelkette zusammenarbeiten.

Dies ist von fundamentaler Bedeutung. Viele Reiter glauben, es sei ausreichend einfach „die Oberlinie" beziehungsweise die Muskeln der dorsalen Kette unter Spannung zu setzen, da ja der Splenius und der Longissimus dorsi die Vorhand aufrichten und die Sitzbeinmuskeln den Schub generieren. Das ist ein Irrtum, der für das Pferd sehr schnell in Schmerzen und gesundheitlichen Beeinträchtigungen endet. Um es daher einmal ganz klar zu sagen: An einem korrekten Anheben der Vorhand, wie es ein Pferd in freier Wildbahn tun würde, sind mehr Muskeln aus der ventralen Kette beteiligt als aus der dorsalen: Der Brachiocephalicus bildet eine elastische Verbindung zwischen Oberarm und Schädel, und hebt so die Vorhand mit an, der Sternomandibularis hilft dabei, den Brustkorb anzuheben, indem er das Brustbein mit dem Unterkiefer verbindet. Die Brustmuskeln heben den vorderen Teil des Brustkorbes/das Brustbein durch lokale Kontraktion. Die Bauchmuskeln ziehen den hinteren Teil des Brustbeines und die Bauchnaht nach oben und in Richtung Becken und heben auf diese Weise den Bauch und den Rücken an und bringen die Brust- und Lendenwirbelsäule in Flexion. Quadriceps und Tensor fasciae latae führen die Hinterbeine unter den Körper und dehnen die Sitzbeinmuskeln. Der Iliopsoas beugt die Lendenwirbelsäule, hilft beim Abkippen des Beckens und bringt somit Zug auf den langen Rückenmuskel, welcher dadurch - ohne sich verkürzen zu müssen - die Vorhand hebt.

Korrektes Anheben der Vorhand entsteht also nicht aus einer Kontraktion des langen Rückenmuskels, sondern aus einem Halten seiner Länge gegen den aus der Verkürzung der Unterlinie und das Unterkippen des Beckens entstehenden Zug.

Wird einfach nur die dorsale Muskulatur angespannt, führt dies zu einem vollkommen anderen Bild: Der Rücken ist durchgedrückt, die Kruppe kommt hoch, die Hinterbeine laufen hinten heraus.

Und damit kommen wir nun endlich zu den beiden Muskelketten, die für uns Reiter von so elementarer Bedeutung sind. Insofern, als dass wir sie verstanden haben sollten, vor allen Dingen jedoch, weil die ventrale Muskelkette des Pferdes all jene Muskeln beinhaltet, die wir mit der Gymnastizierung des Pferdes kräftigen und unbedingt geschmeidig halten möchten.

Im natürlichen Bewegungsablauf angehobene Vorhand: Die Muskeln der Unterlinie kontrahieren, die Hinterhand fußt unter den Körper und die Muskeln der Oberlinie, vor allem der lange Rückenmuskel und der Spenius, heben durch die passive Dehnung die Vorhand an. Dies ist die Haltung, in der Piaffe und andere versammelnde Lektionen geritten werden sollen.

Alltägliches Bild eines GP Pferdes in der Piaffe: Dies hat mit reeller Versammlung und Aufrichtung rein gar nichts zu tun, sondern ist Reiten auf der dorsalen Muskelkette. Der Reiter macht sich zum Ausführen der Lektion die extreme Spannung in den Muskeln der Oberlinie zu Nutze, die dafür in keiner Weise ausgelegt sind. Hier sieht man deutlich, dass die ventrale Muskulatur überhaupt nicht aktiv ist, der Rücken ist hohl und gen Boden gedrückt, der Widerrist abgesunken. Diese Art des Reitens in „Aufrichtung" ist für das Pferd mit schlimmen gesundheitlichen Folgen verbunden. Auch wenn hier auf dem Bild nicht einmal an den Zügeln gezerrt wird, wie es sonst überall zu sehen ist.

Pausen am wirklich hingegebenen Zügel sind nicht nur wichtig für die Psyche, sondern auch, damit die Halsmuskulatur entspannen und sich erholen kann. Wenn das Pferd während oder nach dem Training hektisch den Kopf so weit wie möglich nach unten streckt, hat man bereits zu viel verlangt und dem Pferd Schmerzen zugefügt.

5. Kapitel
Die dorsale und ventrale Muskelkette

Das Pferd hat, um sowohl eine schnelle Flucht zu gewährleisten, als auch einem Durchhängen des Rückens aufgrund des Gewichts der Bauchorgane entgegenzuwirken, nicht nur die ausgeklügelte Konstruktion der oberen und unteren Verspannung mitbekommen, sondern auch zwei ebenso klug konstruierte Muskelketten, die in beeindruckender Weise miteinander verbunden sind und darauf abgestimmt, folgende Leistungen sicherzustellen:

1. Erfolgreiche Flucht
2. Lange Strecken zurückzulegen (grasend wandernd)
3. Die Verbindung zwischen Beinen und Rumpf stabil zu halten, sprich Letzteren daran zu hindern, gen Boden zu sinken - und zwar ohne dabei die federnde Stoßdämpfung und Schubentwicklung zu beeinträchtigen.

Dass es dafür einer ausgefeilten Biomechanik und Zusammenarbeit unter allen circa 520 Muskeln des Pferdes bedarf sollte niemanden überraschen und wir werden später sehen, wie weit die Verbindungen aus diesen Muskeln in den Rest des Pferdekörpers hineinreichen. Aber an dieser Stelle sei schon einmal folgendes festgehalten: Es sind die Bauchmuskeln, welche gemeinsam mit den Muskeln des Trageapparates den Brustkorb/Rumpf in Position halten. Durch das hohe Gewicht der Baucheingeweide bei Pflanzenfressern sind sie großen Belastungen ausgesetzt, müssen also stabil gebaut sein und energiesparend arbeiten, aber gleichzeitig eine gewisse Dehnbarkeit besitzen, um sich an Volumenänderungen in den Bauchorgangen anzupassen. (Futtermenge, Schwangerschaft...). Es handelt sich daher um flächige Muskelplatten, die vornehmlich in Bändern und bindegewebigen Sehnensträngen entspringen und/oder inserieren. Die flächenhafte Ausrichtung ist weniger anfällig für Ermüdung, die Ansätze in Sehnen und Bändern garantieren zusätzliche Dehnbarkeit und energiesparende Aufhängung. (Sehnen haben kaum Energieverbrauch und können selbige sogar speichern => Sprungfeder-Funktion.)

Wie zuvor besprochen ist es ein Unterschied, ob ein Muskel sich aktiv verkürzt = kontrahiert = zusammenzieht oder ob er gegen einen Widerstand geschmeidig seine Länge hält und locker zwischen Längenzunahme (Dehnung) und Verkürzung (Kontraktion) wechselt. Letzteres ist der Fall, wenn untere und obere Kette zusammenarbeiten: Bei jedem Schritt/Trabtritt/ Galoppsprung, jedem Bewegungsablauf gibt es Phasen, in denen die Muskeln der oberen Kette mehr verkürzen und solche, in denen die der unteren Ketten mehr verkürzen. Automatisch verlängern sich die Muskeln der jeweils anderen Kette. Dieser ständige Wechsel zwischen An- und Abspannung ist es, der den Bewegungsapparat und den Organismus gesund erhält. Was naturgemäß nur so lange funktioniert, wie alle Muskeln uneingeschränkt und unverspannt arbeiten können und ein Gleichgewicht zwischen beiden Ketten besteht.

Die dorsale Muskelkette

Die dorsale Muskelkette wird von den Streckmuskeln der Oberlinie gebildet. Sie ist für das Fluchttier Pferd perfektioniert und hat die Aufgabe, maximalen Schub und Schnellkraft in die Hinterhand zu bringen, um eine erfolgreiche Flucht zu gewährleisten. Alle an dieser Kette beteiligten Muskeln liegen oberhalb der Wirbelsäule und hinter dem Hüftgelenk. Sie bringen Hals und Rücken in die Streckung, heben also den Hals an und machen den Rücken hohl. Die Muskeln dieser Kette ziehen außerdem die Hinterbeine nach hinten heraus und strecken die Hüfte und das Becken.
Beteiligte Muskeln sind: Der musculus splenius, der den Hals hochzieht, der Rhomboideus, der dies ebenfalls tut sowie am Trageapparat beteiligt ist (siehe Band II), dem langen Rückenmuskel (musculus longissimus dorsi), welcher die Brust- und Lendenwirbelsäule streckt, d.h. hohl werden lässt, und stabilisiert sowie den Glutealmuskeln und den langen Sitzbeinmuskeln, den sogenannten Hamstrings. Wenn alle Muskeln dieser Kette zusammenarbeiten, generieren sie die

größtmögliche Schubkraft: Der Kopf wird hoch in die Luft genommen, der Rücken nach unten durchgedrückt und die Hinterbeine nach hinten herausgezogen, wodurch sie mit enormen Kräften vom Boden abdrücken können. Sprich: Das Pferd kann so schnell wie möglich entkommen, sogar aus dem Stand. Diese Muskelkette ist somit von großer Bedeutung für das Überleben und dabei explizit auf die Belastung über einen kurzen Zeitraum ausgerichtet.

Es ist sicher hilfreich, sich die natürliche Aktivierung der dorsalen Muskelkette einmal bildlich vorzustellen.
Denken Sie an ein Pferd, welches die Flucht ergreift. Es nimmt den Kopf hoch, drückt den Rücken weg und galoppiert aus dem Stand davon – nicht selten mit so viel Kraft, dass dabei Erde in die Luft katapultiert wird und ein Loch im Boden zurückbleibt. Diese enormen Schubkräfte werden erzeugt, wenn die Hinterbeine abdrücken. Und je stärker die für diese Bewegung notwendigen Muskeln kontrahieren, desto mehr Schub wird generiert. Das funktioniert am besten mit hochgetragenem Kopf und Hals und gestrecktem Rücken, weil in dieser Haltung auch die Hals- und Rückenmuskeln verkürzen und über diese Verbindung noch mehr Kraft in das abdrückende Hinterbein gebracht wird. Die dorsale Kette ist die „Fluchtkette" und überwiegt damit instinktiv die ventrale Muskulatur. Das Pferd wird also immer dann umgehend die Muskeln der dorsalen Kette anspannen,

wenn es sich in irgendeiner Weise unwohl/bedroht fühlt. Da die Muskeln der ventralen Kette in so einem Moment nicht ungestört arbeiten können, wir aber genau das mit unserem Training erreichen wollen, ist Losgelassenheit die erste Voraussetzung für gesunderhaltendes Reiten.

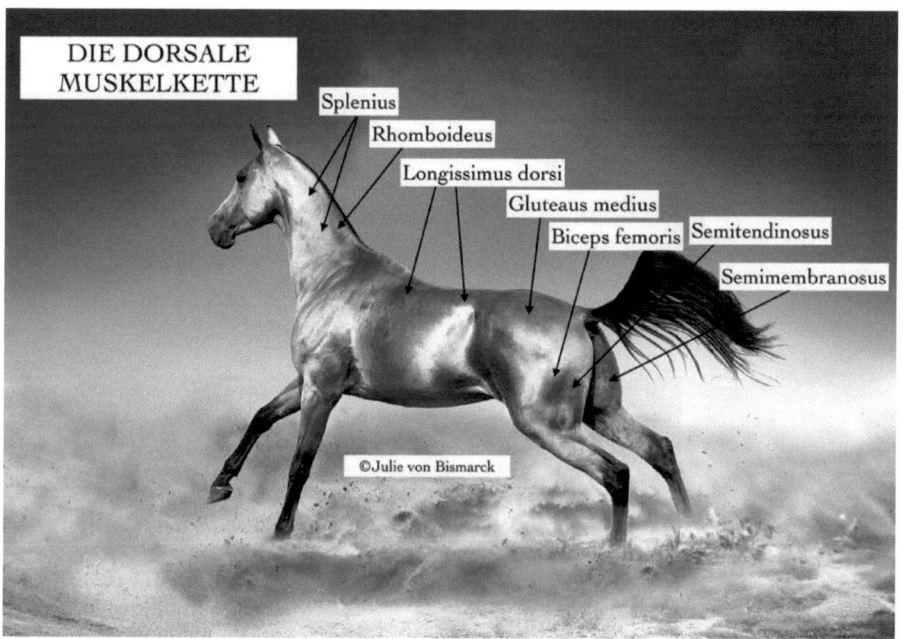

DIE DORSALE
MUSKELKETTE

Splenius
Rhomboideus
Longissimus dorsi
Gluteaus medius
Biceps femoris
Semitendinosus
Semimembranosus

©Julie von Bismarck

Pferd im Fluchtmodus: Die dorsale Muskelkette ist gespannt und aktiv, es wird maximale Schub- und Antriebskraft in die Hinterhand gebracht und das Pferd kann aus dem Stand hohe Geschwindigkeiten erreichen. Diese Muskeln sind für **maximale Belastung in einem kurzen Zeitraum** gemacht und in keiner Weise dazu geeignet, einen Reiter zu tragen.

Die Fluchtmuskeln in Aktion. Wenn man sich dies vor Augen hält wird deutlich, dass diese Haltung nicht geeignet ist, um einem Absinken und hohl werden des Rückens vorzubeugen. Das Gleichgewicht zwischen oberer und unterer Kette ist daher entscheidend für die Gesundheit des Pferdes.

Kommen nun die Muskeln der ventralen Muskelkette hinzu und arbeiten mit der dorsalen Streckmuskulatur im Gleichgewicht, ändert der lange Rückenmuskel seine Wirkung: Durch das Anheben des Rückens, das Abkippen des Beckens und das weite Unterfußen der Hinterbeine, welches durch die ventrale Muskelkette ausgelöst wird, spannt sich der lange Rückenmuskel nun nicht mehr selbst aktiv an, sondern wird aus dem Bauch und Becken heraus gespannt. Dies ist der Moment, indem der lange Rückenmuskel ohne großen Aufwand die Vorhand anhebt und somit entlastet.

Und das wiederum ist unser Hauptziel als Reiter. **Das unaufwendige Anheben der Vorhand über den langen Rückenmuskel geschieht ausschließlich dann, wenn selbiger von den Muskeln der Unterlinie gespannt wird und sich nicht selbst aktiv anspannt. Ohne kräftige Bauchmuskeln gibt es daher keinen gesunden Rücken.**

Die untere und obere Muskelkette gemeinsam sorgen also, wenn sie ausbalanciert sind, für ein perfektes Gleichgewicht. Sobald jedoch eine von ihnen die Überhand gewinnt - was in so gut wie allen Fällen die dorsale Kette ist - entstehen erhebliche Schmerzen, schwerwiegende Störungen und Erkrankungen des Bewegungsapparates, damit einhergehend frühzeitiger (=> nicht dem Alter zu zuschreibender) Verschleiß und organische Erkrankungen.

Anheben der Vorhand durch Zusammenarbeit der dorsalen und ventralen Muskeln: Die ventrale Muskulatur verkürzt den Abstand zwischen Brustbein und Knie, kippt das Becken ab, lässt die Hinterhand unter den Körper fußen und bringt dadurch Zug auf die Muskeln der dorsalen Kette. Diese, besonders der lange Rückenmuskel, halten einfach nur ihre Länge und heben dadurch die Vorhand des Pferdes ohne Energieverlust und auf natürliche Weise an. So sollte es auch unter dem Reiter aussehen. Ob die Vorhand reell angehoben wird, kann man sehr gut daran erkennen, ob Widerrist und Rücken angehoben sind.

Anheben der Vorhand ohne Beteiligung der ventralen Muskulatur: Man sieht, wie der Splenius und der lange Rückenmuskel die Vorhand hochziehen, aber mit einem Knick vor dem Widerrist und hohlem Rücken. So sollte das Anheben der Vorhand **nicht** aussehen.

Und das ist wahrscheinlich der größte Fehler in weiten Kreisen der heutigen Reiterei: Man meint, „den Rücken" trainieren zu müssen und reitet beständig auf der dorsalen Muskulatur herum, welche dafür in keiner Weise gemacht ist. Es ist allerdings durchaus nicht nur der Irrglaube, man müssen „den Rücken" trainieren, der zu diesem falschen Reiten führt. Es ist vor allen Dingen die Komplexität gesunderhaltenden Trainings, die vielen heutigen Reiter zu mühsam ist. Denn es ist naturgemäß sehr viel schwieriger, ein Pferd mit Reiter dazu zu bewegen, die Oberlinie zu entspannen und seine ventrale Muskelkette wieder so zu benutzen, wie es dies ohne Reiter getan hat, als einfach buchstäblich auf seinem Rücken herum zu reiten.

Die erste Reaktion eines Pferdes auf Gewicht auf seinem Rücken ist es verständlicherweise, die obere Muskelkette anzuspannen. Zum einen, weil sich der Rücken durch das Hohlwerden bei angespannter dorsaler Muskulatur von dem ungewohnten Gewicht wegbewegt, zum anderen, weil es sich eben um die „Fluchtmuskeln" handelt und jedes Pferd einen Reiter nachvollziehbarerweise erst einmal als Bedrohung empfindet (vor allem wenn es nicht mit Verstand, Ruhe und Geduld vorbereitet wurde). So ein Pferd wird sich mit Reiter niemals loslassen und dadurch auch nie die Muskeln der ventralen Kette einsetzen können. Ziemlich bald wird ihm die natürliche Nutzung der ventralen Muskelkette auch ohne Reiter nicht mehr möglich sein, da diese durch die dauerhaft verspannte dorsale Kette schlicht und ergreifend ausgeschaltet ist. Das nimmt dem Pferd die wichtigste Funktion in seinem Bewegungsapparat, um einem Durchsacken der Wirbelsäule Richtung Boden und damit dem Zusammenrücken der Dornfortsätze entgegenzuwirken. Eine solche Reiterei auf der Muskulatur der dorsalen Kette führt daher immer zu erheblichen Beeinträchtigungen.

Nun ist es überhaupt kein Beinbruch, wenn ein Pferd immer mal wieder den Kopf in die Luft streckt und dabei die obere Muskelkette anspannt. Nur: Tut es dies über einen längeren Zeitraum, werden die Muskeln zu schmerzen beginnen. Etwas, das im natürlichen Bewegungsablauf so nicht vorkommt, da das Zusammenspiel der Antagonisten und der Wechsel zwischen den jeweiligen Gegenspielern den absolut entscheidenden Ablauf im Bewegungsapparat des Pferdes darstellt. Weitreichende Kompensationen sind also vorprogrammiert – und die damit einhergehenden Schäden.

Ja, wir brauchen starke Muskeln in der dorsalen Kette, um Schub und Schwung im Pferd zu erzeugen. Absolut korrekt. Der große Irrtum ist, dass viele Reiter meinen, dies durch die Belastung/das Training eben der Muskulatur erzeugen zu können, die diesen Schub generiert.

Das ist nicht nur falsch, sondern erzeugt das genaue Gegenteil: Die Muskulatur verspannt dauerhaft, kann sich also auch nicht aufbauen und stärker werden, ermüdet schließlich und bildet sich im schlechtesten Fall zurück.

Und dies ist die Antwort auf die eingangs gestellte Frage, wie man ein Pferd so trainiert, dass es durch den Reiter keinen Schaden davonträgt.
Korrektes Training bedeutet: Die Kräftigung und optimale Funktion all jener Muskeln des Pferdes, die den Rücken anheben – also genau das Gegenteil von dem tun, was die dorsale Muskelkette tut.
Nur so können die Muskeln locker zwischen An- und Entspannung wechseln und sich dementsprechend aufbauen. Dies wird nicht passieren, so lange sie für Tragearbeit herangezogen werden.

Der häufigste Grund für das Absinken des Rumpfes zwischen den Vorderbeinen ist das Reiten auf der dorsalen Muskulatur.

Die dorsale Muskulatur: Für Schub und Antriebskraft unerlässlich.

Alle Muskeln der dorsalen Kette liegen oberhalb der Wirbelsäule und hinter der Hüfte des Pferdes. Sie heben den Hals und den Kopf, bringen den Rücken unter Spannung (dabei wird selbiger hohl, drückt also nach unten) und ziehen die Hinterbeine mit maximaler Kraft nach hinten heraus, um größtmöglichen Antrieb und Schub zu gewinnen. Optimal für eine Flucht, absolut ungeeignet für das Training unter dem Reiter.

Die ventrale Muskelkette

Die ventrale Muskelkette wird von den Beugemuskeln der Unterlinie gebildet, welche unterhalb der Wirbelsäule sowie vor der Hüfte des Pferdes liegen und den Hals, den Rücken und die Hüfte in Flexion bringen. Sie sind für die Beugung der Wirbelgelenke, das Aufwölben des Rückens sowie für das weite Unterfußen der Hinterbeine und das weite Vorgreifen der Vorderbeine zuständig. Die Muskeln dieser Kette sind unter anderem dann aktiv, wenn das Pferd grast und halten gemeinsam mit dem Rückenband den Rücken oben. Es handelt sich bei dieser Haltung um die, in der das Pferd den weitaus größten Teil seines Lebens verbringt, somit sollte es nicht überraschen, dass alle am grasenden Schreiten beteiligten muskulären Strukturen auf diese Art der Dauerbelastung ausgerichtet sind.

Die ventrale Muskelkette erzeugt genau das Gegenteil von dem, was die Muskeln der Oberlinie tun: Sie bringt Kopf und Hals nach unten, statt hoch in die Luft, wölbt den Rücken auf, statt ihn nach untenhin durchzudrücken und lässt die Hinterbeine weit unter den Körper fußen, statt sie für die Schuberzeugung nach hinten heraus zu ziehen.

Zur ventralen Muskelkette zählen der Arm-Kopf-Muskel (Brachiocephalicus), der Brustbein-Unterkiefer-Muskel (Sternomandibularis), die Brustmuskeln, die vier Bauchmuskeln (rectus abdominis, transversus, obliquus abdominis externus und internus), der Iliopsoas, der Tensor fasciae latae, der Quadriceps femoris und der lange gemeinsame Zehenstrecker (extensor digitalis communis). Auch hier werden dem aufmerksamen Leser einige Namen aus Teil II bekannt vorkommen: Der Brachiocephalicus, der Sternomandibularis und der Brustmuskel (allesamt Teil des Rumpftrageapparates und vom Reiter sehr leicht zu stören) sowie der Tensor fasciae latae und Quadriceps als Antagonisten der sogenannten Hamstrings.

Wir werden gleich alle Muskeln im Einzelnen durchgehen, aber für das grundlegende Verständnis sei erst einmal folgendes festgehalten: Das Aktivieren und Geschmeidighalten der Muskeln der ventralen Muskelkette ist das Hauptziel der Gymnastizierung des Pferdes. Ohne diese Arbeit wird jedes Pferd über kurz oder lang durch das Reitergewicht Schaden nehmen.

Ganz besonderes Augenmerk ist dabei auf die Positur von Hals und Kopf zu legen, denn:
Die Haltung des Rückens ist von der Haltung des Halses abhängig.
Ein entspannt nach vorne unten fallender Hals erhöht die Wahrscheinlichkeit, dass der Bauch und damit der Rücken sich anhebt, aber eben auch nur dann, wenn die Muskeln der ventralen Kette wirklich aktiv sind.

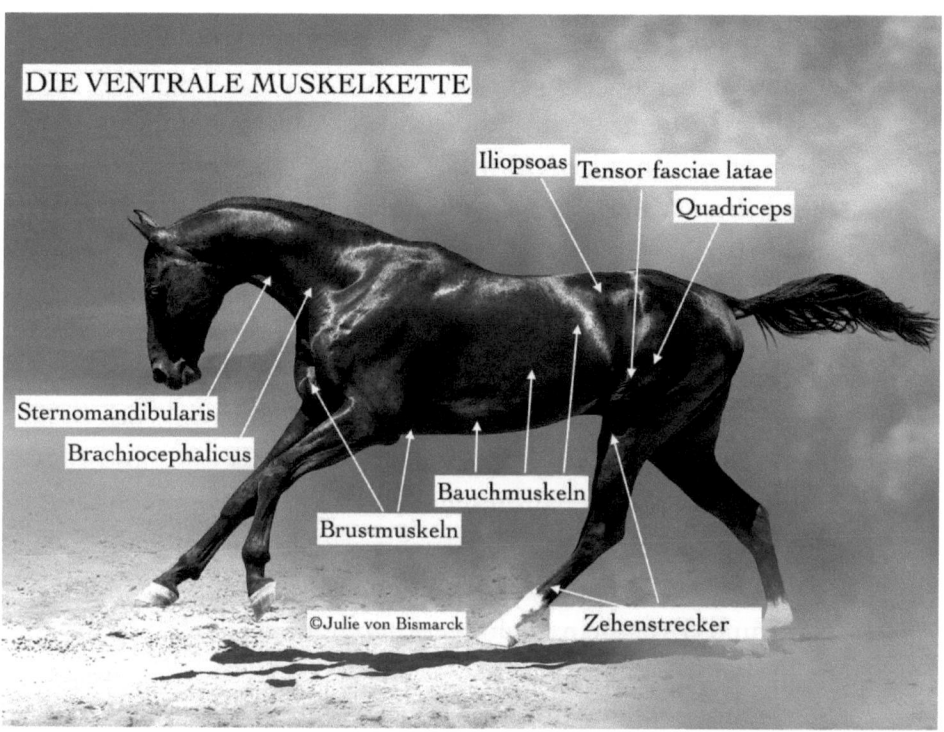

DIE VENTRALE MUSKELKETTE

Iliopsoas

Tensor fasciae latae

Quadriceps

Sternomandibularis

Brachiocephalicus

Bauchmuskeln

Brustmuskeln

©Julie von Bismarck

Zehenstrecker

Die ventrale Muskulatur liegt unterhalb der Wirbelsäule und vor der Hüfte des Pferdes. Sie beugt den Hals und hebt den Rücken, lässt die Vorhand und die Hinterhand weit vor- bzw. untergreifen und dehnt die Muskeln der Oberlinie. Die Bauchmuskeln sind durch ihre natürliche Arbeit zum Tragen von Lasten erstaunlich gut geeignet – im Gegensatz zur Rückenmuskulatur. Diese zu engagieren und zu trainieren ist daher unser Hauptziel bei der Gymnastizierung des Pferdes.

Ein „runder" oder „tiefer" Hals bedeutet also nicht automatisch einen angehobenen Rücken. Und sobald das Pferd zu eng wird und die Nüstern nicht mehr den vordersten Punkt bilden, wird es fast unmöglich für das Pferd, Bauch und Rücken ohne großen Aufwand reell anzuheben.

Bei Pferden, die in Rollkur/LDR oder in welcher Form auch immer mit der Nase auf der Brust geritten werden, ist der Rücken immer hohl, denn in dieser Haltung sind bereits diverse Muskeln, unter anderem zwei der ventralen Kette (Brachiocephalicus und Sternomandibularis) ausgeschaltet. Der Hals kann nicht zur Balance beitragen, die Bauchmuskeln können nicht optimal arbeiten, sprich können den Abstand zwischen Knie und Brustbein nicht verkürzen und somit auch nicht den Rücken anheben.

Das gilt ebenfalls für alle Pferde, die schlicht nicht korrekt ausgebildet sind und denen dadurch die Kraft in der Muskulatur der ventralen Kette zum Anheben des Rückens trotz Reitergewichtes fehlt.

Und, das ist wichtig zu wissen, ein Hals in Extension, sprich ein weit nach oben gestreckter Kopf und Hals bedeutet *immer* einen hohlen Rücken. Das ist aufgrund der muskulären Verbindungen gar nicht anders möglich.

Wir sehen also bereits hier, dass das berühmte vorwärts-abwärts Reiten nicht nur der wichtigste Prüfstein für reelle Losgelassenheit ist, dass es dem Pferd nicht nur die Möglichkeit gibt, seine Hals- und Rückenmuskeln zu entspannen, sondern dass es außerdem genau jene Haltung darstellt, aus der heraus wir die optimale Kraft der ventralen Kette erarbeiten und so den für die Gesundheit des Pferdes absolut unverzichtbaren Wechsel zwischen An- und Entspannung ermöglichen.

Merke:
Ohne starke Bauch- und Rumpfmuskulatur (untere Muskelkette) kein gesunder Rücken – da hilft dann auch die teuerste Magnetfelddecke nichts.

©Julie von Bismarck

Die Muskulatur der ventralen Muskelkette sorgt für eine Flexion der Wirbelsäule, wölbt den Rücken auf, macht den Hals rund, kippt das Becken und ermöglicht ein kraftvolles und dabei losgelassenes Unter- und Vorgreifen der Hinter- und Vorderbeine. Durch diese Bewegung wird die Muskulatur der Oberlinie gedehnt und kann sich bei der darauffolgenden gegenteiligen Bewegung wieder zusammenziehen = Kraft erzeugen.

6. Kapitel
Die Muskeln der dorsalen Kette

Der lange Rückenmuskel

Der lange Rückenmuskel (Musculus longissimus dorsi) trägt seinen Namen zu Recht, denn er reicht, mit verschiedenen Anteilen, vom Kreuzbein bis zum Schädel des Pferdes. Seine Fasern „weben" sich gewissermaßen um die Dorn- und Querfortsätze der Wirbelkörper. Der lange Rückenmuskel ist der wichtigste Feststeller und Strecker der Wirbelsäule. Zieht er sich von seinen vorderen Ansätzen aus zusammen, bringt er die Wirbelsäule in die Streckung und der Rücken wird hohl = nach unten durchgedrückt.

Zieht er sich von seinem hinteren Ansatz aus zusammen, kann er die Vorhand anheben – dies geht allerdings nur dann, wenn er dabei mit anderen Muskeln der dorsalen Kette wir dem Glutaeus medius und vor allem mit den Muskeln der ventralen Kette zusammenarbeitet. Die Bauchmuskeln müssen den Rücken von unten aktiv anheben, der Iliopsoas sowie der Tensor fasciae latae das Becken kippen und die Hinterhand unterfußen lassen. Für den langen Rückenmuskel ist es besonders entscheidend, dass er nicht verspannt oder in Kontraktion verbleibt, da er besonders lange Fasern hat, welche einen hohen Sauerstoffbedarf aufweisen.

Dieser Bedarf erhöht sich naturgemäß unter dem Reiter noch einmal und kann nur in einem optimal durchbluteten Muskel gedeckt werden. Also in einem Muskel, der locker zwischen Kontraktion und Entspannung wechseln kann.

Noch einmal zur Erinnerung: Verspannte Muskulatur komprimiert die Blut- und Lymphgefäße, sodass sowohl die Versorgung mit Sauerstoff und Nährstoffen als auch die Entsorgung der Abfallprodukte aus dem Muskelstoffwechsel nicht mehr oder nur noch sehr reduziert gegeben ist. Ein solcher Muskel kann auch aus diesem Grund keine Leistung mehr bringen und das in den Fasern verbleibende Lactat sorgt zusätzlich für erhebliche Schmerzen.

Dafür zu sorgen, dass der langer Rückenmuskel locker und elastisch bleibt ist noch aus einem anderen Grund sehr wichtig: Er spielt eine große Rolle in der in Teil I besprochenen „Welle". Diese Welle besteht aus dem Schub, der beim Abstoßen des Hinterhufes generiert wird, sich über das Hinterbein und das Becken auf den Rücken überträgt und über den Widerrist weiter in die Vorhand und den Hals läuft. Der lange Rückenmuskel ist einer der Überträger des Schubes vom Kreuzbein zur Halswirbelsäule. Wenn man sich ansieht, wie sich ein losgelassenes, entspanntes Pferd bewegt, wie der lange Rückenmuskel elastisch im Takt an- und abspannt, wird deutlich, dass dies einen konstanten Wechsel zwischen An- und Entspannung voraussetzt. Sobald dieser Wechsel nicht gegeben ist, hat das eine Störung des natürlichen Bewegungsablaufes zur Folge und führt nicht nur zu erheblichen Rückenschmerzen sondern auch zu den bereits angesprochenen Kompensationen und Fehlbelastungen der Gelenke, die durch die Veränderung des natürlichen Bewegungsablaufs nicht mehr in der vorgesehenen Art und Weise belastet werden. Verschleiß, Entzündungen und Arthrosen sind die Folge. Das gilt natürlich für jeden Muskel und jede Störung der natürlichen Bewegungsabläufe, aber im Fall des langen Rückenmuskels geht dies besonders schnell.

Merke: Raumgreifende Bewegungen, ein schwingender Rücken und locker vor- und unterfußende Gliedmaßen sind nur bei lockerem, optimal arbeitendem Langen Rückenmuskel möglich.

Und dies bedeutet auch: Nur wenn alle Muskeln der dorsalen Kette entspannt sind und optimal arbeiten können, da sie sich in ihrer Anspannung nun einmal gegenseitig bedingen. Und: Nur wenn alle Muskeln der ventralen Kette optimal arbeiten, denn ohne ihre Anspannung können sich die dorsalen Muskeln nicht entspannen. Dies ist einer der Gründe, warum es so ungemein wichtig ist, die dorsale Kette und damit vor allem auch den langen Rückenmuskel nicht zum Tragen zu missbrauchen. Der Muskel ist für die Stabilisierung der Wirbelsäule konstruiert, nicht, um einen Reiter durch die Gegend zu schleppen. Wer diesen Fakt ignoriert, fügt seinem Pferd erhebliche Schmerzen zu und riskiert Entzündungen, Kissing Spines und Verschleiß.

Auslöser für Verspannungen des langen Rückenmuskels:

- Reiten auf der dorsalen Muskelkette ohne Engagement der ventralen Muskulatur
- Schmerzen/Lahmheit in anderen Körperregionen, besonders in den Hintergliedmaßen
- Schlechtsitzende, unpassende Sättel
- Unbalancierte Reiter
- Magengeschwüre/Magenschmerzen
- Blockaden und Entzündungen der ISG
- Blockaden und Entzündungen der TMG

Hinweise auf einen verspannten langen Rückenmuskel:

- Druckempfindlichkeit im Verlauf des Muskels, Abwehr beim Putzen, meiner Erfahrung nach sind das Areal direkt hinter dem Widerrist und der vordere Lendenbereich am häufigsten betroffen
- Nachlassende Leistungsfähigkeit
- Wehrt sich gegen das Reiten (bocken, steigen, anhalten, Verweigern am Sprung)
- Verkürzte Vorführphase Vor – und Hinterhand
- Sieht aus und fühlt sich beim Reiten an, als wären es zwei Pferde, die unabhängig voneinander laufen - eines vorne, eines hinten
- Lahmheiten der Hinterhand, „von oben kommend" durch die Verbindung über den glutaeus medius zu den Kreuzdarmbeingelenken

- Abwehr beim Satteln, Sattelzwang direkt nach dem Gurten unnormaler Gang (dies kann auch auf Verspannungen der Brustmuskeln hinweisen!)

Die einzige Möglichkeit, diese schmerzhafte Verspannung dauerhaft aufzulösen, liegt im Training der ventralen Muskulatur, welche den Muskel durch Anheben des Rückens entlastet. Bitte bedenken Sie, dass es viele Pferde gibt, die Schmerzen einfach stumm ertragen und sich nicht wehren. Manche Pferde laufen unter unvorstellbaren Schmerzen und lassen sich nichts anmerken. Zeigen die Pferde irgendwann Abwehr oder Schmerz, werden sie meist mit Injektionen therapiert, die die Schmerzen und Verspannungen des Muskels lindern. Nur: Wenn sich Training, Reiten, Ausrüstung (besonders Sattel) oder den anderen möglichen Ursachen nichts ändert, ist das natürlich nur eine sehr kurzfristige Erleichterung.

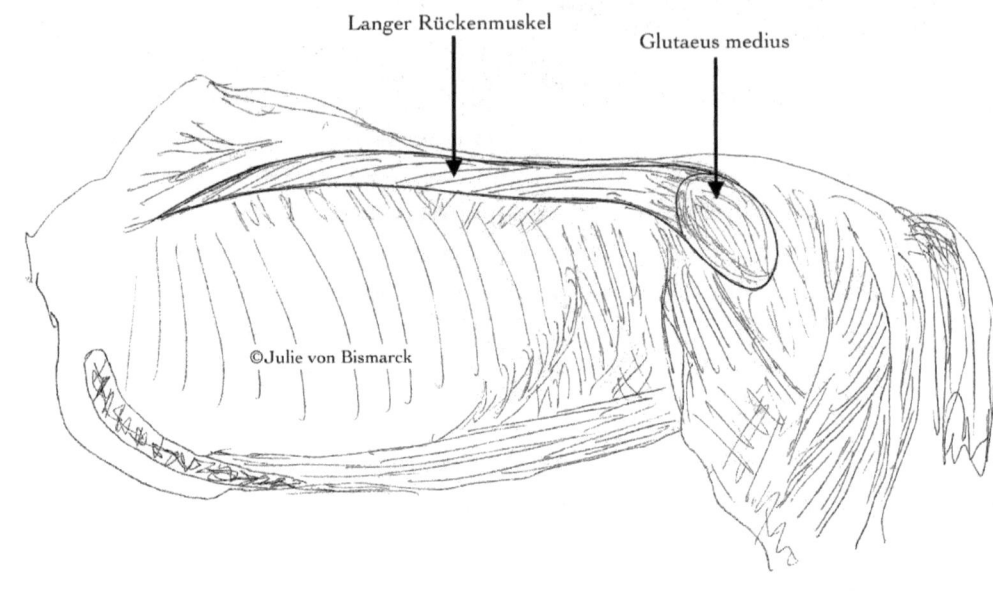

Langer Rückenmuskel

Glutaeus medius

©Julie von Bismarck

Der lange Rückenmuskel zieht über die gesamte Oberlinie des Pferdes, ist mit den Hals-, Brust- und Lendenwirbeln verbunden und geht in den Glutaeus medius über, den schweifwärts nächsten Muskel in der dorsalen Kette. Der lange Rückenmuskel stabilisiert und streckt die Wirbelsäule, macht den Rücken also hohl. Arbeitet er mit der unteren Muskelkette zusammen und wird von dieser unter Zug gesetzt hebt er die Vorhand an. Verspannungen und daraus resultierende Entzündungen des langen Rückenmuskels sind eine der häufigsten Erkrankungen beim Reitpferd.

Reiten auf der dorsalen Kette, bzw. dem langen Rückenmuskel: Viel Spannung, keine Losgelassenheit, kein durch den Körper laufen, kein Unterfußen, kein Absenken der Kruppe, kein Anheben des Widerrists und des Rückens. Auch gut zu sehen: Die durch den fehlbelasteten Brachiocephalicus (Teil der ventralen Kette) nach oben, statt nach vorne geführten Vorderbeine. (Siehe Teil II). Eine solche Reiterei führt immer zu einer sogenannten Ermüdung des Trageapparates, sprich einem Absinken des Rumpfes zwischen den Vorderbeinen, immer hohlerem Rücken und schließlich sich berührenden Dornfortsätzen.

Der Splenius

Der Splenius ist ein großer Halsmuskel, der an den Dornfortsätzen des 3., 4. und 5. Brustwirbels, also dem vorderen Teil des Widerrists, im Nackenband und in der Brust-Lenden-Faszie entspringt und am Schläfenbein sowie an den Querfortsätzen des 3., 4. und 5. Halswirbels ansetzt. Dieser Muskel verhindert ungewollte Biegung im Hals während der Bewegung, er spielt also eine wesentliche Rolle in der Stabilisierung desselben. Er ist außerdem für das Anheben und oben halten von Hals und Kopf zuständig und trägt bei einseitiger Kontraktion zur Seitwärtsbiegung des Halses bei. Wie fast alle Halsmuskeln ist auch der Splenius besonders betroffen, wenn das Nackenband durch falsche reiterliche Einwirkung, ins Halfter hängen oder andere Traumata geschädigt wurde und schmerzt. Das Pferd versucht dann naturgemäß diesen Bereich zu schonen und keinen Zug auf das Nacken-Rückenband zu bringen, sprich, seinen Kopf nicht locker nach vorne unten fallen zu lassen. Die Halsmuskulatur muss in so einem Fall deutlich mehr Last über einen deutlich längeren Zeitraum tragen, als es von der Natur vorgesehen ist und man sieht in diesen Fällen dann häufig bereits nach kurzer Zeit, wie sich die betroffenen Muskeln zurückbilden (atrophieren).

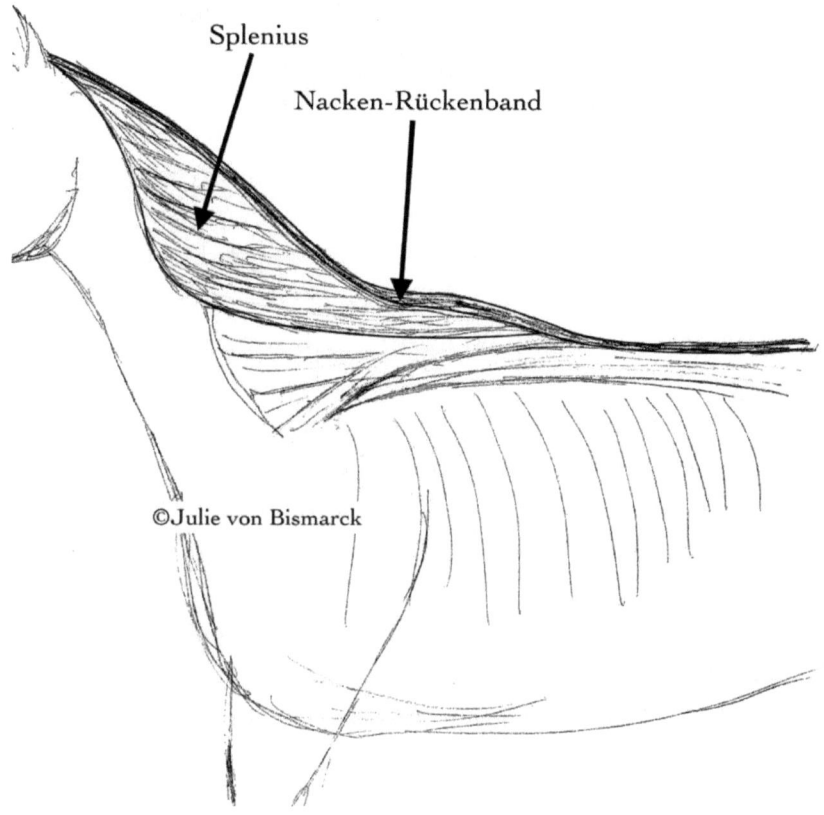

Splenius

Nacken-Rückenband

©Julie von Bismarck

Der Splenius ist einer der Hauptträger des Kopfes und trägt entscheidend zur Stabilität des Halses bei. Er wird von Erkrankungen/Verletzungen des Nackenrückenbandes sowie Verspannungen des langen Rückenmuskels in seiner Arbeit beeinträchtigt. Auch langes Reiten in falscher, also nicht aus der ventralen Kette stammender Aufrichtung kann hier zu erheblichen Schmerzen und Verspannungen führen.

Korrektes Reiten soll zu einem gut bemuskelten Oberhals und einem lockeren, in keiner Weise angespannten Unterhals führen. Dies gelingt nur, wenn die Muskeln des Oberhalses nicht überlastet werden, denn selbige bilden sich nicht dadurch aus, dass wir sie einer Belastung aussetzen, für die sie nicht gemacht sind. Sie bilden sich dann aus, wenn das Pferd den Rücken locker anheben kann und der Hals ohne falsche Spannung aus dem Widerrist nach vorne fällt oder später durch starke ventrale Muskulatur ohne großen Aufwand erhabener getragen werden kann. Zu glauben, man würde die Kräftigung dieser Muskeln durch permanentes Reiten in Anlehnung oder gar mit in die Luft gestreckter Nase erreichen, ist ein Irrtum.

In diesem Zusammenhang möchte ich noch ein anderes, meines Erachtens nach stark unterschätztes, Problem erwähnen: Die Selektion in der Zucht hat in den vergangenen Jahren zunehmend angeborene Fehlbildungen in der unteren Halswirbelsäule mit sich gebracht (ECVM). Bei solchen Pferden findet sich häufig ein Phänomen, das man sonst nur von Menschen nach Schleudertrauma kennt: Eine ausgeprägte Schwäche der tiefen Halsmuskulatur und der Bänder, welche die Halswirbel untereinander stabilisieren. Die Folge ist eine ausgeprägte Instabilität der Halswirbelsäule. Betroffene Pferde werden naturgemäß versuchen, diese Instabilität durch andere Halsmuskeln zu kompensieren, die für diese Aufgabe allerdings überhaupt nicht vorgesehen sind und unter der Fehl- und Überbelastung bald dauerhaft verspannen. Wie wir wissen verliert ein dauerhaft in Anspannung verbleibender Muskel irgendwann seine Kraft und spätestens an diesem Punkt ist den Pferden dann nicht mehr zu helfen.

Meine persönliche Erfahrung ist, dass Pferde mit ECVM häufig eine extrem hohe Berührungsempfindlichkeit am gesamten Körper aufweisen sowie einen enorm hohen Muskeltonus haben. Häufig werden solche Pferde als „unrittig" bezeichnet, da sie sich gegen den Zügel wehren, im Galopp davonstürmen oder gar nicht galoppieren, insgesamt fest, „brettig" und undurchlässig sind. Greift man hier nun auch noch zum Hilfszügel oder anderen (Zwangs-)Mitteln, verstärkt man dadurch massiv die Schmerzen und die gesundheitlichen Probleme des Pferdes.

Leider werden die Befunde an den Halswirbeln selbst bei Ankaufuntersuchungen und Röntgen der HWS häufig übersehen, manchmal braucht es tatsächlich einen bestimmten Winkel, damit man die Fehlbildungen erkennen kann.

Je nach Schweregrad kann es sehr gefährlich werden Pferde mit ECVM zu reiten, da oft nicht nur die Spinalnerven betroffen sind (was auch schon schlimm genug ist), sondern auch das Rückenmark komprimiert wird. Bei Pferden mit gebundenem Gang (mit oder ohne Stolpern) und immer verspannter Halsmuskulatur lohnt sich eine entsprechende bildgebende Diagnostik, um eine Fehlbildung in der Halswirbelsäule auszuschließen. Es ist meiner Erfahrung nach leider sehr viel häufiger der Fall, als man denkt.

Der Rautenmuskel

Der Rautenmuskel (Musculus rhomboideus) ist Teil der sogenannten Gliedmaßenträger und somit des Trageapparates. Er verbindet das Schulterblatt, also das Vorderbein mit dem Nacken-Rückenband.

Wenn das Bein abgestellt ist, hält er es fest, wenn es in der Luft ist, unterstützt er das Anheben und Zurückführen des Beines. Man kann sehr schön sehen, dass seine Funktion im Halteapparat der Gliedmaßenträger seine Hauptaufgabe darstellt, da er bei belastetem Bein besonders hervortritt.

Der Rautenmuskel entspringt mit seinem vorderen Anteil aus dem Nackenband (nicht aus dem Nackenstrang) und mit seinem hinteren Teil wie auch der Trapezmuskel aus dem Rückenband. Beide Teile setzen am Schulterblattknorpel an.

Sein vorderer Teil ist mit für das Anheben des Kopfes zuständig, der Brustteil bewegt das Schulterblatt nach oben und vorne und führt somit das Vorderbein zurück. Auch dieser Muskel ist von Fehlbelastung betroffen, sobald auf der oberen Kette, sprich ohne Aktivität der unteren Muskulatur geritten wird. Eine dauerhafte Anspannung und damit Ermüdung dieses Muskels hat allerdings direkte Auswirkungen auf den Trageapparat: verliert er seine Kraft, verliert das Pferd eines der Halteseile, die seine Vorderbeine am Rumpf befestigen - oder andersherum gesagt: den Rumpf zwischen den Vorderbeinen aufhängen.

Tipp: Wenn Sie sich ohne Sattel auf Ihr Pferd setzen, können Sie hervorragend beobachten, wie der Rautenmuskel das Vorderbein am Körper hält.

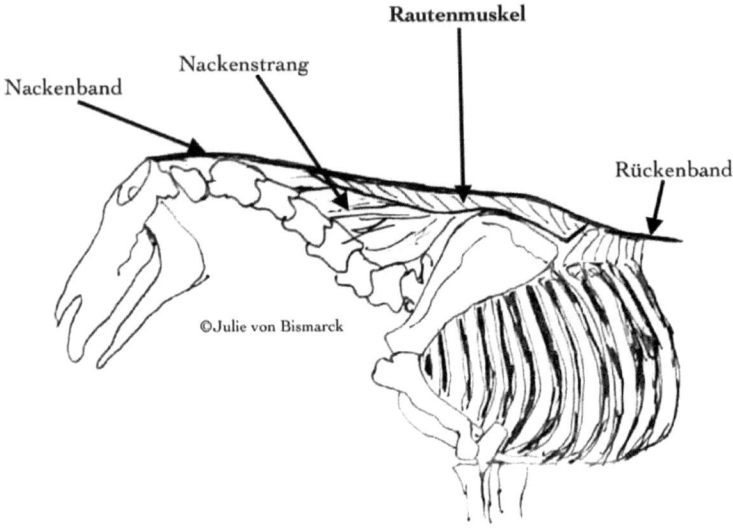

Nackenband

Nackenstrang

Rautenmuskel

Rückenband

©Julie von Bismarck

Der Rautenmuskel ist Teil des Trageapparates. Er befestigt das Vorderbein am Nacken-Rückenband und ist somit wichtig für den Erhalt der Flexibilität und Stoßdämpfung sowie das Halten des Vorderbeines am Rumpf. Wird dieser Muskel durch Reiten auf der dorsalen Kette über- und fehlbelastet, fehlt einer der 9 Muskeln des Trageapparates. Es wird also noch einmal deutlich, warum die Notwendigkeit des Trainings der Bauchmuskeln und unterhalb der Wirbelsäule gelegenen Muskulatur kein Hirngespinst ist. Nur so können die Muskeln der Oberlinie entspannen.

Der Glutaeus medius

Der Glutaeus medius ist einer der größten Kruppenmuskeln und der kraftvollste Muskel der Hinterhand. Er ist im Wesentlichen für die Streckung des Hüftgelenks = Abstoßen des Hinterbeins nach hinten heraus zuständig, also für Schub, Antriebskraft und Vortrieb. Er unterstützt außerdem den langen Rückenmuskel beim Anheben der Vorhand.

Der Muskel entspringt aus dem Lendenteil des langen Rückenmuskels am Kreuzbein und in den Bändern des Kreuzdarmbeingelenkes. Sein Ansatz liegt am Oberschenkelkopf. Aufgrund seiner Verwachsungen mit dem langen Rückenmuskel und den Kreuzdarmbein-Bändern ist er immer dann ganz direkt in seiner optimalen Funktion gestört, wenn der lange Rückenmuskel verspannt ist oder Entzündungen/Bewegungseinschränkungen in den Kreuzdarmbeingelenken oder ihren Bändern vorliegen.

Eine falsche Belastung der dorsalen Muskelkette kann über diese Verbindung andersherum zu Blockierungen, Bewegungsstörungen und Entzündungen in den Kreuzdarmbeingelenken führen. Dieser Zusammenhang ist meiner Erfahrung nach einer der häufigsten Ursachen für Bewegungsstörungen und schmerzhafte Erkrankungen der Kreuzdarmbeingelenke: Als ich bei bestimmten Dressurpferden (Springpferde behandelte ich zu dem Zeitpunkt bereits nicht mehr) gehäuft Blockierungen und Entzündungen der

Kreuzdarmbeingelenke diagnostizierte und schaute, was all diese Pferde gemeinsam hatten, kam ich zu folgendem Ergebnis: Alle Pferde wurden ohne Engagement der ventralen Muskulatur, das heißt vornehmlich auf der dorsalen Kette geritten, alle hatten bereits Anzeichen für eine Ermüdung des Trageapparates, keines von ihnen hatte einen gut aufgebauten, lockeren, geschmeidigen langen Rückenmuskel. (Ebenso wenig wie entspannte Kruppen- oder Sitzbeinmuskulatur). Auch hier ist dann die Blockade des Kreuzdarmbeingelenkes - welche sich nach kürzester Zeit auf das Kiefergelenk übertragen wird, siehe Band I - nur eine Folge inkorrekten Trainings. Und egal, wie oft und wie viel Entzündungshemmer in oder an das Gelenk gespritzt werden, der Behandlungserfolg wird immer nur sehr temporär sein, so lange nicht das Training umgestellt wird.

Merke: Eine dauerhafte Verspannung des Glutaeus kann auf Erkrankungen der Kreuzdarmbeingelenke oder des langen Rückenmuskels hinweisen und diese andersherum hervorrufen.

Hinweise auf Verspannung:

- Fehlender Vorwärtsschub und Antriebskraft
- Zu hoher Tonus der gesamten Muskulatur der Hinterhand
- Fester Rücken
- Keine Bewegung im Becken

Auslöser:
- Schmerzen/Entzündungen des langen Rückenmuskels
- Blockaden der Kreuzdarmbeingelenke
- Feste Hamstrings
- Schmerzen im Hinterbein (Sprunggelenk, Fesselgelenk, Huf)

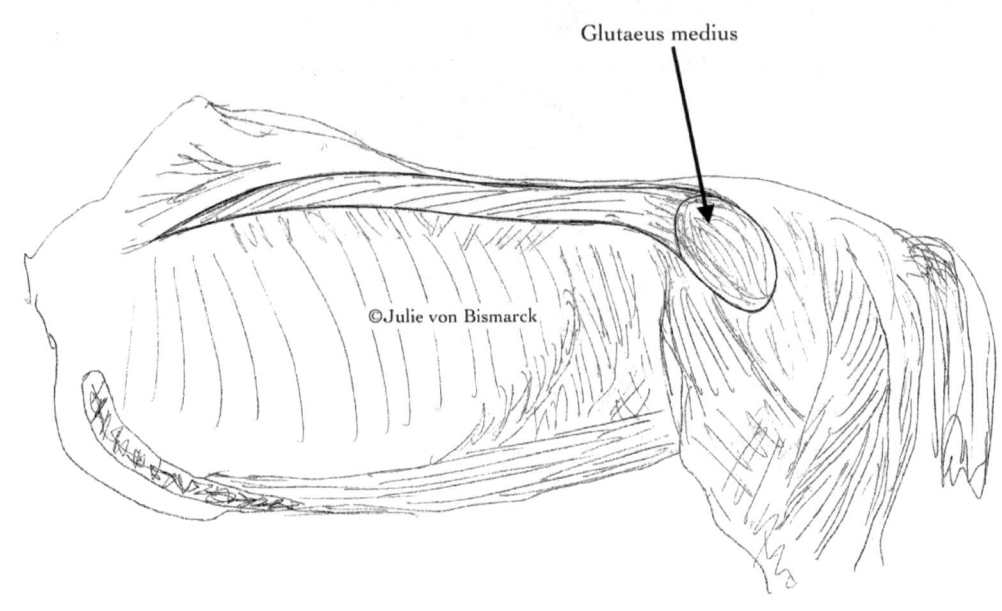

Glutaeus medius

©Julie von Bismarck

Der Glutaeus medius ist mit dem langen Rückenmuskel verwachsen und sorgt mit für die Schubkraft der Hinterhand. Ist er überlastet/verspannt, kann dies zu erheblichen Leistungseinbußen, festem Rücken und steifer Hinterhand führen.

Die langen Sitzbeinmuskeln (Hamstrings)

Die drei Muskeln biceps femoris, semitendinosus und semimembranosus bilden zusammen die Gruppe der langen Sitzbeinmuskeln, die im Englischen als „Hamstrings" bezeichnet werden. Bei allen dreien handelt es sich um wesentliche Muskeln für den Vorwärtsschub, sie sind ein entscheidender Teil des „Motors" des Pferdes.

Wir haben diese Muskelgruppe in Teil II bereits besprochen, wollen sie aber hier als wichtiger Bestandteil der dorsalen Kette noch einmal erörtern.

Der biceps femoris ist einer der kräftigsten Muskeln des Pferdekörpers, er hat seinen Ursprung an den Dorn- und Querfortsätzen der letzten 3 Kreuzwirbel (also am hinteren Ende des Kreuzbeines), am breiten Beckenband und in der Schwanzfaszie sowie am Sitzbeinhöcker. Der Ansatz ist an der Kniescheibe, den Kniescheibenbändern, am oberen Rand des Schienbeines sowie am Fersenbeinhöcker. Der hintere Teil, welcher vom Sitzbeinhöcker zum Fersenbeinhöcker zieht, beugt das Kniegelenk und streckt das Sprunggelenk, die anderen Anteile strecken das Hüftgelenk und das Knie. Er ist, wie auch die beiden anderen langen Sitzbeinmuskeln, ein Antagonist des Quadriceps und des Tensor Fasciae latae.

Der musculus semitendinosus entspringt am letzten Kreuz – sowie ersten und zweiten Schweifwirbel und

111

ansonsten wie der biceps femoris am breiten Beckenband, der Schwanzfaszie und am Sitzbeinhöcker. Der Ansatz liegt am oberen Rand des Schienbeins und am Fersenhöcker. Wenn das Bein gewichttragend ist (Stützbeinphase) streckt der semitendinosus das Hüft-, Knie- und Sprunggelenk, wenn das Bein in der Luft ist (Hangbeinphase) beugt er das Kniegelenk und führt das Bein rückwärts und nach innen.

Der musculus semimembranosus entspringt an den ersten Schwanzwirbeln und wie die anderen beiden auch am breiten Beckenband, sowie am Sitzbeinhöcker. Der Ansatz hingegen liegt innen am Oberschenkelknochen und -ebenfalls auf der Innenseite- am Schienbein. Genau wie der semitendinosus streckt dieser Muskel während der Stützbeinphase das Hüft-, Knie- und Sprunggelenk und dient in der Hangbeinphase als Rückwärtszieher und Einwärtsdreher der Gliedmaße. Letzteres ist dabei stärker ausgeprägt als beim semitendinosus.
Es ist besonders hervorzuheben, dass diese drei Muskeln in wesentlichem Ausmaß anfällig sind für jede Art von Stress und Anspannung. Sie gehören zu den Ersten, die sich in vermehrte Anspannung versetzen, wenn das Pferd Anzeichen für Gefahr wahrzunehmen meint. Das ist klug, da diese Muskeln für eine erfolgreiche Flucht wesentlich mitentscheidend sind. Aber es bedeutet auch, dass sie durch uns Reiter, unser Können, unsere Körperbeherrschung und unsere Emotionen direkt beeinflusst werden.

So können ein ängstlicher, unsicherer, angespannter Reiter, jede Art von Schmerz im Pferd sowie das Training in erzwungenen Haltungen nur über den Fluchtinstinkt ganz direkt die optimale Funktion dieser Muskeln beeinträchtigen und damit eine Kette von negativen Folgen hervorrufen.

Immer wenn der Rücken weggedrückt erscheint, also das Gleichgewicht zwischen oberer und unterer Kette durch den Reiter gestört oder verhindert wird, sind auch die Hamstrings direkt dadurch betroffen. Sie verspannen und können dann derart schmerzhaft werden, dass das Pferd bei der Untersuchung gezielt zu schlagen beginnt. Die Muskeln selbst fühlen sich nicht selten an wie Stahlseile.

Häufig klagen Reiter über „Widersetzlichkeit" im Training und ein insgesamt festes Pferd, wenn die mm. semitendinosus und semimembranosus dauerhaft verspannt sind. Der Zustand kann zu erheblichen Leistungseinbußen führen, einem „mit dem Pferd nicht weiterkommen" und Stagnation auf einem bestimmten Niveau.

Es hat aber durchaus mehr negative Folgen als „nur" die damit einhergehende erhebliche Schmerzhaftigkeit: Sind diese Muskeln dauerhaft angespannt, bedeutet das eine Verkürzung der Muskelfasern. Damit behindern sie ganz direkt das Vorführen und unter den Schwerpunkt treten der Hinterbeine. Die Vorführphase verkürzt sich, die Pferde laufen „hinten raus" und eine Lastaufnahme und Schubentwicklung ist ebenfalls nicht mehr reell möglich.

Oft sieht man dies bei einseitig und überfordernd trainierten Dressur-, Western- und Springpferden, aber genauso häufig in jedem beliebigen Reitstall der Welt, bei Pferden jeder Ausbildungsstufe - kurzum: bei Pferden, die nicht nach den klassischen Regeln der Reiterei unter Einsatz der ventralen Kette, sondern auf der dorsalen Kette geritten werden.

In Kontraktion verharrende mm. biceps femoris, semitendinosus und semimembranosus verhindern aber nicht nur ein lockeres, weit unter den Schwerpunkt fußendes Hinterbein: Als Gegenspieler des M. tensor fasciae latae und des M. quadriceps femoris haben sie auch einen direkten Einfluss auf die Funktion der ventralen Muskelkette - und auf das Knie. Natürlicherweise ist der Ablauf wie folgt: Die mm. biceps femoris, semitendinosus und semimembranosus kontrahieren = der Quadriceps und Fasciae latae entspannen / kehren in ihre neutrale Ausgangsposition zurück. Verbleiben die Muskeln der Hamstrings aber in der angespannten Verkürzung, können Quadriceps und Fasciae latae zwar gegenspannen, jedoch niemals ihre volle Kontraktion erreichen und somit auch nicht ihre volle Funktion erfüllen. Die entsprechend anstrengende Gegenspannung führt zur Ermüdung (im Übrigen in beiden Muskelgruppen) und die Muskeln verlieren ihre Kraft. (=> Ohne Wechsel zwischen An- und

Abspannung keine Kraftentwicklung im Muskel). Dies hat Folgen - und zwar nicht nur für den gesamten Bewegungsablauf, sondern auch für die Gesundheit der Knie. Sehr vereinfacht erklärt bildet die Endsehne des Quadriceps eines jener Bänder, welche die Kniescheibe in Position und beweglich halten. Die häufig auftretenden Schwierigkeiten mit „den Kniebändern", womit in der Regel ein Springen oder Feststellen der Kniescheibe gemeint ist, haben nicht selten ihren Ursprung in chronisch verspannten und verkürzten Hamstrings. (Wenn die Probleme im Knie nicht aus der Lendenwirbelsäule heraus entstehen, siehe Band I.)

Diese drei Muskeln sind durch falsches Training extrem leicht zu stören, sie sind ebenso wie die Rumpf-, Trage- und Rückenmuskeln negativ von ausgiebiger Trabarbeit betroffen und profitieren gleichzeitig in erheblichem Maße von der Arbeit im Galopp. Der große Vorteil des Galopps für diese Muskeln liegt darin, dass sie bei jedem Galoppsprung durch das nach vorne Schwingen und in dieser die Hamstrings dehnenden Position aufsetzende Hinterbein maximal gestreckt, gedehnt und auf diese Weise in einer natürlichen Bewegung flexibel gehalten werden. Langes Traben und mangelndes oder völlig fehlendes Galoppieren ist hingegen eine der häufigsten Ursachen für nachhaltige und extrem schmerzhafte Verspannungen dieser Muskulatur.

Hinweise auf Verspannungen der Hamstrings:

- Zehe der Hinterhand schleift über den Boden
- Steilstellung der Hinterhufe
- Verkürzte Schrittlänge
- Hinterbein fußt nach innen
- Widerstand gegen Seitengänge
- Pferd wirkt „triebig", fehlende Schub- und Antriebskraft
- Reiter beschweren sich häufig, das Pferd sei nicht „vor dem Bein", greifen zu immer längeren und schmerzhafteren Gerten und Sporen und verschlimmern so die Schmerzen und Verspannungen im Bewegungsapparat des Pferdes und besonders in diesen Fluchtmuskeln ganz erheblich.

Nicht selten endet dies in Fesselträgerentzündungen, Kissing Spines, Koliken oder nachhaltigen Entzündungen der Gelenke des Hinterbeines.

Auslöser:

- Reiten auf der dorsalen Kette ohne Aktivierung der ventralen Muskulatur
- Angespannte, unsichere Reiter
- Zu viel Trabarbeit, zu wenig Galopp
- Verspannungen der Rückenmuskulatur
- Erkrankungen der Sprunggelenke
- Kreuzbeinblockaden
- Genickblockaden

MERKE: Verspannungen der Hamstrings können zu Kreuzbeinblockaden und erheblichen Bewegungseinschränkungen im Rücken und Becken führen. Sie werden daher oft mit Rückenproblemen verwechselt. Oftmals wird bei einer anhaltenden Verspannung auch der Schweif schief getragen.

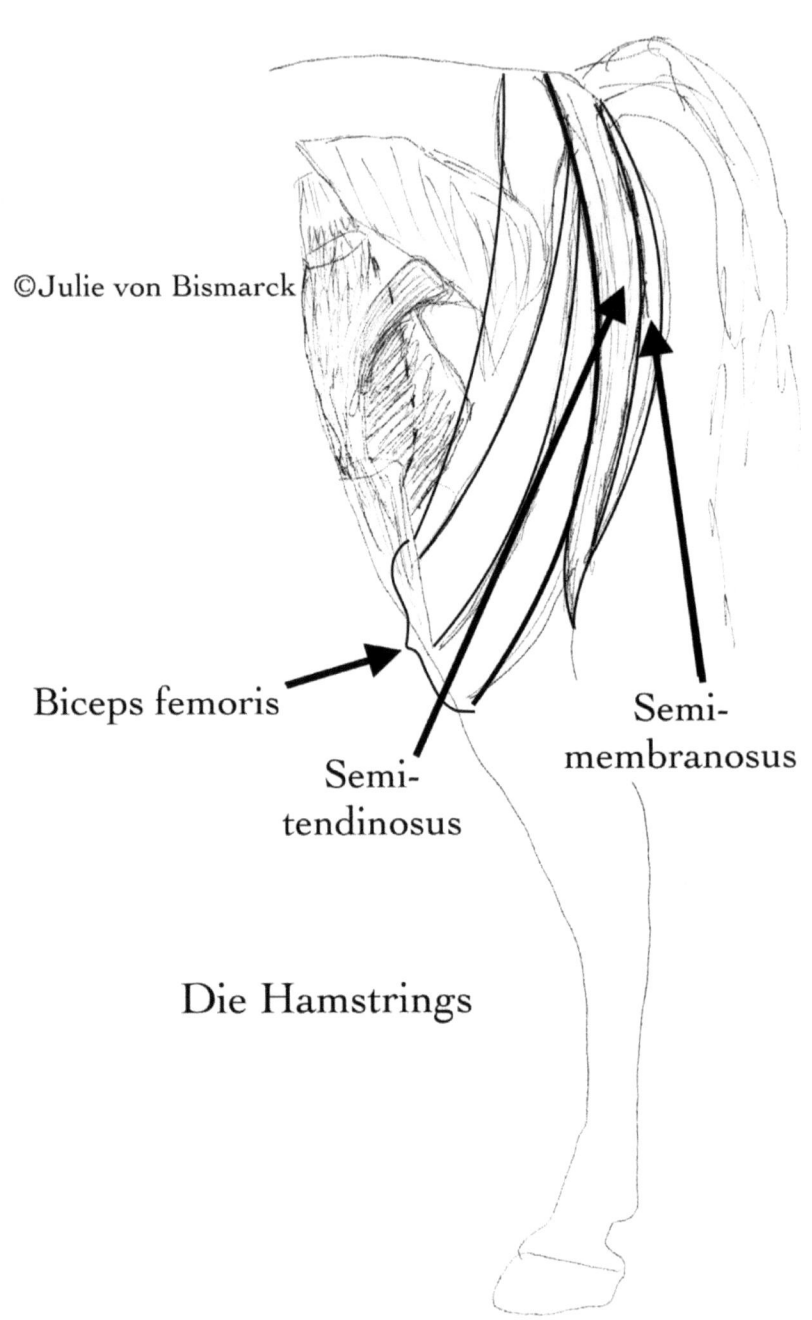

©Julie von Bismarck

Biceps femoris

Semi-
tendinosus

Semi-
membranosus

Die Hamstrings

7. Kapitel
Die Muskeln der ventralen Muskelkette

Der Arm-Kopf-Muskel

Der Arm-Kopf-Muskel (Musculus brachiocephalicus) hat in Reiterkreisen eine gewisse Berühmtheit gewonnen, da er bei falscher Belastung entscheidend zur Ausbildung eines Unterhalses beiträgt. Er gehört zu den Muskeln des Rumpftrageapparates und zur ventralen Muskelkette.

Sein Ursprung liegt am Schläfenbein, der Ansatz am Oberarmknochen. Wenn wir uns daran erinnern, dass die meisten Muskeln vom Ursprung aus kontrahieren, sprich ihren Ansatz Richtung Ursprung bringen, verwundert es nicht, dass dieser Muskel der stärkste Vorwärtsführer der Vorderbeine ist. Es wird außerdem deutlich, dass Raumgriff und Bewegung der Vordergliedmaßen von der Halshaltung abhängen: Je natürlicher der Muskel sich bewegen kann, desto weiter greift das Vorderbein vor. Dies ist immer dann der Fall, wenn der Rücken angehoben und der Widerrist aufgespannt ist und die Nüstern den vordersten Punkt des Pferdes bilden. Sobald das Pferd allerdings in unnatürlichen Haltungen geritten wird und/oder mit engem Ganaschenwinkel, bringt der Brachiocephalicus die Vorderbeine nicht mehr frei schwingend und mit möglichst viel Raumgriff nach vorne, sondern zieht das Vorderbein unter großem Kraftaufwand vermehrt nach oben. Dadurch wird nicht nur der Muskel überlastet und hypertrophiert häufig (Unterhals), es verkürzt sich auch die tatsächliche Schrittlänge = der Raumgriff der Vorderbeine.

Wenn Sie sich Videos bestimmter Dressurpferde der letzten Jahre ansehen, wird Ihnen auffallen, wie einige von ihnen im Trab die Vorderbeine hochreißen. Achten Sie einmal darauf, wie kurz die Pferde dabei treten. Dann schauen Sie sich ein Video von einem Pferd im Trab an, das mit den Nüstern als vorderstem Punkt den Kopf und Hals lang nach vorne und nach unten streckt. Der Unterschied im Raumgriff ist erheblich. Ein angehobener, lockerer Rücken und ein entspannter Hals sind also Voraussetzung für eine optimale Funktion des Brachiocephalicus. Ohne die anderen Muskeln, welche die Wirbelsäule in die Flexion bringen und den Rücken anheben, kann er seiner Funktion nicht bestmöglich nachkommen. Ein Pferd mit schwacher Bauchmuskulatur oder verspannter dorsaler Muskulatur wird also irgendwann Schwierigkeiten mit der Vorführphase der Vorderbeine bekommen, weil dadurch auch der Brachiocephalicus verspannt und nicht mehr zwischen An- und Entspannung wechseln kann – das Aus für jeden Muskel.

Dies hat aber noch weitere Folgen:
1. Der Arm-Kopf-Muskel kann seiner Aufgabe im Rumpftrageapparat nicht mehr nachkommen. Ein

weiteres Seil fällt aus, in diesem Fall eines, das die Vorderbeine am Schädel befestigt.

2. Die Funktion des Arm-Kopf-Muskels als Gegenspieler des breiten Rückenmuskels (latissimus dorsi, siehe Teil II) ist nicht mehr gegeben. Auch dieser wichtige Muskel wird also in seiner Funktion beeinträchtigt und verspannt im schlechtesten Fall ebenfalls. Rufen wir uns in Erinnerung, was das in diesem Fall bedeutet: Der breite Rückenmuskel entspringt aus dem Rückenband und aus der Brust-Lendenfaszie. Ist dieser Muskel fest, beeinträchtigt das nicht nur die Flaschenzugfunktion des über das abgestellte Vorderbein nach vorne Ziehens (Teil II) und führt zu gebundenen Gängen und mangelnder Schulterfreiheit, sondern es stört auch die Funktion des Nacken-Rückenbandes. Man kann sich das so vorstellen, als würde an einem eigentlich elastischen Band auf einer gewissen Strecke ein Widerstand eingefügt, der die Dehnung und Kontraktion behindert. Dies ist wie zuvor besprochen naturgemäß besonders schlimm für das Pferd und wird noch schlimmer, wenn es nur einseitig ist. Eine einseitige Verspannung/Funktionsstörung des Brachiocephalicus oder Latissimus dorsi (Gegenspieler) führt immer zu einer sehr schwer zu korrigierenden Schiefe im Pferd. Auch Magenerkrankungen, Koliken, Kotwasser und Verdauungsstörungen können eine Folge sein, da durch den in Kontraktion verbleibenden breiten Rückenmuskel auch Blockierungen der Brust-

und Lendenwirbel entstehen können. (Zusammenhänge Teil I).

3. Ist der Arm-Kopf-Muskel dauerhaft hyperton, verbleibt also in Anspannung, so kann sich dies auf die zwischen den letzten Halswirbeln austretenden Nerven des Plexus brachialis auswirken. Auch das haben wir bereits in Teil II besprochen, aber noch einmal zur Erinnerung: Etliche der dort austretenden Nerven sind an der sensiblen und motorischen Versorgung der Strukturen der Vorhand beteiligt. Häufiges Stolpern bis hin zu Stürzen können ebenso die Folge sein wie eine gestörte Versorgung der Sehnen, Gelenke und Bänder der Vorhand. Nicht selten kommt es in der Folge zu Erkrankungen der Vordergliedmaßen. Meist sind hier die Beugesehnen und/oder der Fesselträger betroffen, aber auch Gleichbeinapparat und Fesselkopf stehen weit oben auf der Liste der häufigsten Folgen.

Da der Arm-Kopf-Muskel außerdem an der Seitwärtsbiegung des Halses beteiligt ist und sich auf der äußeren Seite dehnen können muss, haben Pferde mit Verspannungen dieses Muskels sehr häufig Schwierigkeiten mit reeller Biegung, besonders auf dem Zirkel und noch mehr, wenn die betroffene Seite außen ist.

Der Brachiocephalicus ist der Muskel, an dem man am Einfachsten feststellen kann, ob ein Reiter mit harter Hand reitet und ob er selbst extrem händig ist. Bei den weitaus meisten Pferden liegt eine erhebliche

Verspannung des rechten Brachiocephalicus vor, da die Reiter permanent am rechten Zügel ziehen, eine Dehnung des Muskels in der Biegung nicht zulassen und insgesamt den natürlichen Bewegungsablauf nachhaltig beeinträchtigen. Durch das Reiten in negativer Spannung und mit engem Ganaschenwinkel können auch über diese Verbindung Lahmheiten der Vor- und Hinterhand sowie organische Erkrankungen ausgelöst werden. Und: Die Funktion der ventralen Muskelkette wird gestört, was wiederum zu einer automatischen Überlastung der dorsalen Muskulatur führt. Sie sehen, bei jedem Muskel ließe sich ein Kreis schließen, der sich durch das gesamte Pferd zieht.

Hinweise auf Verspannungen des Brachiocephalicus:

• Verkürzung der Vor- und Rückführphase des Vorderbeines
• Hochziehen des Vorderbeines (Spannungstritte)
• Schwierigkeiten in der Biegung (meist zu einer Seite schlechter aber zu keiner Seite richtig gut)
• Lahmheit
• Reduzierte Bewegung in der Schulter

Auslöser:

- Harte Hand
- Schlechte Reiter
- Reiten in engen, tiefen Halshaltungen (LDR/Rollkur)
- Unerkannte Erkrankungen der Vorderbeine
- Genickblockaden (können durch die Verspannung des Brachiocephalicus ausgelöst werden oder anders herum)
- Störungen in der ventralen Muskelkette
- Ausfall anderer Rumpfträger und dadurch Überlastung der verbleibenden Strukturen
- Ermüdung des Trageapparates (s. Teil II), andersherum kann die Verspannung dieses Muskels natürlich auch eben dazu beitragen.

Wir sehen bereits an dieser Stelle, dass der Ausfall nur eines Muskels in der ventralen Kette weit größere Auswirkungen haben kann als nur die vielbeschriebene Absenkung des Brustkorbes.

! Eine dauerhafte Anspannung des Arm-Kopf-Muskels ist sicherheitsrelevant, da die Irritation der Nerven des Plexus brachialis durch die anhaltende Muskelspannung zu Stürzen führen kann!

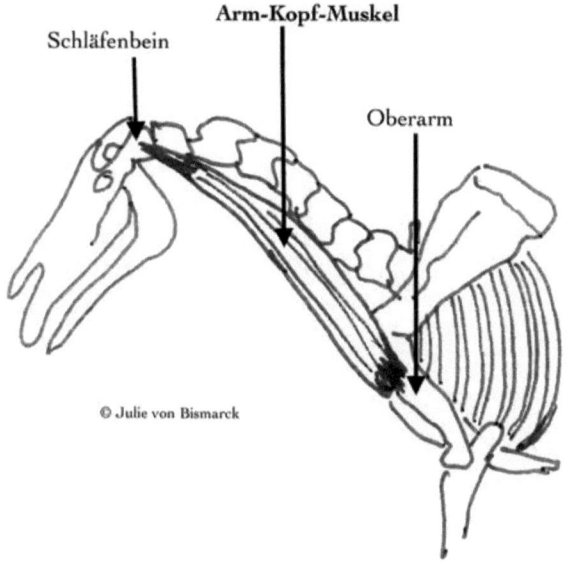

Schläfenbein

Arm-Kopf-Muskel

Oberarm

© Julie von Bismarck

Der Arm-Kopf-Muskel ist der stärkste Vorwärtsführer der Vorderbeine und Teil des Trageapparates.

Bei enger Halshaltung und Reiten auf der dorsalen Kette ändert der Muskel seine Wirkung und zieht das Vorderbein spannig nach oben statt es möglichst weit und unaufwendig nach vorne zu bringen.

©Julie von Bismarck

Sind beide Muskelketten aktiv und im Gleichgewicht, kann der Arm-Kopf-Muskel seiner Arbeit optimal nachkommen und das Bein entspannt und weit nach vorne führen.

Der Arm-Kopf-Muskel ist von der ausgeprägten Händigkeit der meisten Reiter stark betroffen. Es kann zu massiven Seitenungleichheiten, Lahmheiten und Schiefe im gesamten Pferd führen. Leider hindert dies die meisten Reiter nicht daran, mit Kraft zu reiten und ihre (meist rechte) Hand permanent stärker einzusetzen, als die linke Hand, wie auch auf diesem Beispielbild.

Der Brustbein-Unterkiefermuskel

Der nächste Muskel der ventralen Kette ist der Musculus sternomandibularis, zu deutsch: Brustbein-Unterkiefer-Muskel. Sein Ursprung befindet sich am Brustbein, der Ansatz liegt am aufsteigenden Unterkieferast. Auch dieser Muskel ist Teil des Rumpftrageapparates und befestigt, wie der Brachiocephalicus, den Rumpf des Pferdes an dessen Kopf auch dieser Muskel gehört zu denen, die bei falschem Reiten zur Ausbildung eines Unterhalses beitragen.

Der Sternomandibularis ist dafür zuständig, das Maul zu öffnen und während des Schluckens den Rachen und den Unterkiefer festzustellen. Das Öffnen des Pferdemaules und der Schluckvorgang werden also (zu einem nicht unerheblichen Anteil) durch einen Muskel gesteuert, der von der Spitze des Brustbeines aus den Unterkiefer nach hinten zieht. Lassen Sie uns einmal betrachten, was das für uns Reiter bedeutet: Jedes Zuschnüren des Pferdemaules, jede hart einwirkende Hand und jedes Reiten mit engem Hals/Ganaschenwinkel führt allein über den Sternomandibularis zu einer Unterbrechung der ventralen Kette. Denn auch dieser Muskel ist in keiner Weise darauf ausgelegt, langfristig anzuspannen. Eine harte Hand, besonders in Kombination mit einem zugeschnürten Maul, löst folgendes aus: Das Pferd versucht dem Druck und Schmerz zu entgehen und dafür naturgemäß den Unterkiefer von der Quelle wegzubewegen, sprich: das Maul zu öffnen. Da bei Reitern mit harter Hand Selbiges meist bis zum Anschlag zugeschnürt ist, endet es damit, dass das Pferd den Brustbein-Unterkiefer-Muskel immer stärker anspannt, um das Maul zu öffnen - wenn auch ohne Erfolg. Spätestens wenn es den Speichel abschlucken möchte, ist es in großen Schwierigkeiten, denn beim Schluckakt bewegt sich der Unterkiefer in einem natürlich vorgegebenen Bewegungsablauf mit – das ist sogar bei uns Menschen so.

Probieren Sie es gerne einmal aus. Lassen Sie den Unterkiefer locker und schlucken Sie, dann merken Sie, dass Ihr Unterkiefer sich dabei bewegt. Dies ist die natürliche Bewegung. Nun drücken Sie sich den Unterkiefer mit den Händen um Nase und Unterkiefer fest an den Oberkiefer und schlucken Sie erneut. Es ist möglich, aber Sie werden merken, dass Sie mehr Aufwand benötigen und mehr Strukturen/Muskeln zum Einsatz kommen als beim Schlucken mit beweglichem Unterkiefer. Das ist die Kompensation durch die Störung der natürlichen Bewegung. Wenn sie nun auch noch ihr Kinn Richtung Brust ziehen und damit einen engen Genaschenwinkel simulieren, werden Sie sehen, wie viel schwieriger und unangenehmer das Schlucken dadurch noch einmal wird.
Der herauslaufende Speichel (auch übermäßiges Schäumen aus dem Maul) bei Pferden mit fest

geschnürten Nasenriemen und//oder eng geritten Pferden ist ein Zeichen für die dadurch entstehenden Schwierigkeiten des Pferdes beim Schlucken. (Übrigens ist auch der in Teil I ausführlich besprochene Zungenbeinapparat und der Schulter-Zungenbeinmuskel davon betroffen, da das Pferd die Zunge dauerhaft zurückzieht, um dem Druck des Gebisses zu entgehen und der Muskel dadurch in dauerhafter Anspannung verbleibt. Auch dies ist eine unnatürliche Belastung, auch dies trägt dann zur nachhaltigen Störung der ventralen Muskulatur bei.)

Aber nicht nur das: Wir erinnern uns an Teil I, wo wir die natürlichen Bewegungen des Unterkiefers besprochen haben. Sobald das Pferd den Kopf senkt, muss der Unterkiefer locker nach vorne gleiten können. Ist das nicht möglich, gibt es keine Losgelassenheit, da der natürliche Bewegungsablauf gestört ist. Bei einem eng gemachten Pferd und/oder zugeschnürtem Maul ist diese Bewegung nicht möglich, ergo wird es sich auch niemals losgelassen bewegen. Da dies allerdings wie eingangs besprochen die Voraussetzung ist, um überhaupt gesunderhaltend trainieren zu können, ist es selbsterklärend, dass diese Pferde Schaden nehmen. Der Sternomandibularis wird also versuchen, gegen den Widerstand anzukommen, wird immer mehr Kraft aufbringen und schließlich in Anspannung verharren. Dies wiederum hat dann auch Auswirkungen auf die Bewegungen des Brustbeines. Blockierungen des Brustbeines und der ersten Rippen sind nicht selten eine

Folge schlechter Reiterei und der damit einhergehenden Verspannung des Sternomandibularis. Auch hier fehlt dann wieder ein weiteres Seil in der Aufhängung des Brustkorbes und ein weiterer Teil der ventralen Kette wird außer Kraft gesetzt.

Hinweise auf Verspannungen des Sternomandibularis:

• Schwierigkeiten beim Schlucken, vermehrte Schaumbildung am Maul
• Zungenbeinblockaden
• Brustbeinblockaden, die dann übrigens auch alle anderen Muskeln beeinträchtigen, die hier ansetzen, wie zum Beispiel Brust- und Bauchmuskeln. Blockaden des Brustbeines wirken sich außerdem immer auch auf die ersten Rippen und den Widerrist aus. Wie wir aus Teil I wissen hängen Widerristblockaden wiederum unter anderem mit Atemwegserkrankungen zusammen. Wird ein Pferd nach einer solchen auf einmal unrittig bzw. kann es seinen Widerrist und Rücken nicht mehr anheben, sollte man außer nach Blockaden des Widerrists auch immer auf das Brustbein schauen. Unbedingt die Kiefergelenke und das Zungenbein mit kontrollieren, da diese über den verspannten Sternomandibularis umgehend ebenfalls fest werden.
• Blockierungen der Schulter (von dort dann in die Hüfte, s. Teil I)

- Kiefergelenksblockaden (bis hin zu Entzündungen im Gelenk und resultierenden Zahnproblemen in Folge der eingeschränkten natürlichen Bewegung)
- Blockaden der Kreuzdarmbeingelenke (s. Teil I)
- Beitrag zur Ermüdung des Trageapparates

Auslöser:

- Harte Hand
- Zugeschnürtes Maul
- Scharfe Gebisse
- Zungenbeinblockaden (die aber in 99,9 % der Fälle ebenfalls durch oben genanntes herbeigeführt wurden
- Blockaden und Erkrankungen der Zähne oder der Kiefergelenke
- Blockaden/schmerzhafte Zustände in den ISG

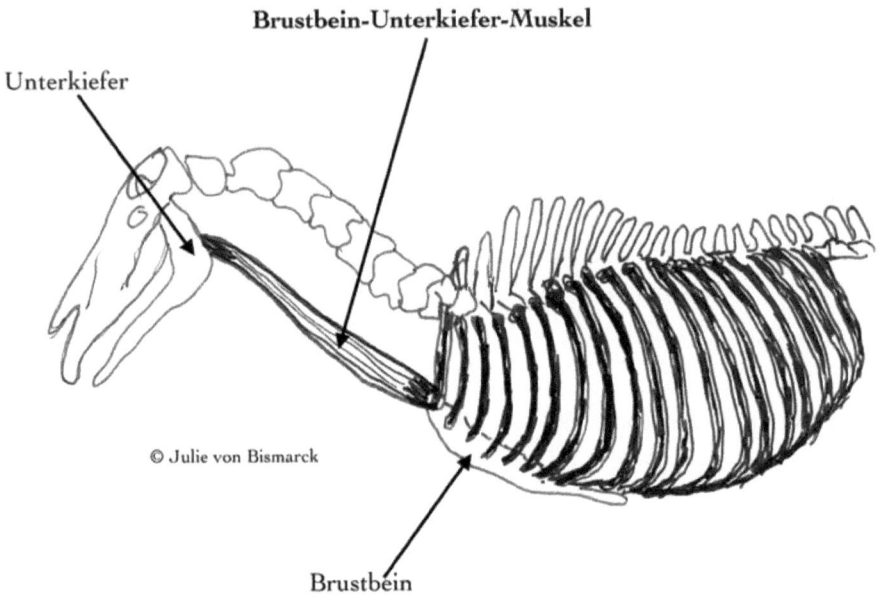

Brustbein-Unterkiefer-Muskel

Unterkiefer

© Julie von Bismarck

Brustbein

Der Sternomandibularis verbindet das Brustbein mit dem Unterkiefer. Er ist Teil des Trageapparates und wird durch jedes Zuschnüren des Maules sowie Reiten mit harter Hand überlastet.

Sternomandibularis

Brachiocephalicus

Die beiden Unterhalsmuskeln die Teil des Trageapparates und der ventralen Muskelkette sind. Ihre ungestörte Funktion ist von entscheidender Bedeutung für den natürlichen Bewegungsablauf. Jede negative Spannung oder gar anhaltende Kontraktion in diesen Muskeln betrifft den gesamten Körper des Pferdes und führt zu erheblichen gesundheitlichen Beeinträchtigungen. Wenn sich ein sogenannter „Unterhals" ausbildet ist das immer ein sicheres Zeichen für falsches Reiten.

Die Brustmuskeln

Die Brustmuskeln bestehen aus vier Teilen, die alle die gleiche Aufgabe haben: nämlich gewissermaßen eine Hängematte zwischen den Vorderbeinen zu bilden, in der der Brustkorb flexibel aber sicher aufgehängt ist.
Auch die sind naturgemäß Teil des Rumpftrageapparats des Pferdes. Die Brustmuskeln werden durch Nerven aus dem Plexus brachialis innerviert und können daher durch eine Verspannung der unteren Schulter-Hals Muskulatur in ihrer Funktion gestört werden. (Siehe Teil II).

Merke: ALLE Muskeln, die aus dem Plexus brachialis innerviert werden, leiden unter Fehlbelastungen, wenn dieser irritiert wird. Das kann durch Erkrankungen der HWS (wie ECVM) der Fall sein, aber auch durch jedes Reiten in LDR / Rollkur passieren. Auch dieser Zusammenhang erklärt, warum auf diese Art gerittene Pferde fast immer unter einer sogenannten Ermüdung der Tragemuskulatur leiden und ein Hohlwerden des Rückens oftmals bereits in jungen Jahren zu erkennen ist.

Der erste dieser vier Muskeln (der pectoralis transversus) entspringt an der Unterseite des Brustbeines und den ersten sechs Rippenknorpeln und setzt in der Unterarmfaszie an. Er zieht also das Vorderbein an den Körper heran und trägt ebenso zur Stabilität der

Aufhängung des Brustkorbes zwischen den Vorderbeinen bei als auch zur Elastizität derselben.

Der zweite (pectoralis descendens) ist der gut sichtbare Muskel an der Brust des Pferdes. Er entspringt an der Spitze des Brustbeines und setzt in der Oberarmfaszie sowie am Oberarmknochen an. Dieser Muskel hält also den vorderen Teil des Brustbeines oben.

Der dritte (pectoralis profundus) ist der größte der vier Brustmuskeln. Er entspringt am Brustbein, an den Rippen 4 bis 9 sowie in der gelben Bauchhaut. Sein Ansatz befindet sich am Oberarm und ist oft zu einem Teil mit der Ursprungssehne des Musculus biceps brachii verwachsen. Dieser Muskel ist am ehesten mit dem Brustmuskel beim Menschen zu vergleichen, der bei häufiger Handynutzung oder sitzender Tätigkeit und mangelnder Dehnung und Ausgleichssport teils so sehr verkürzt, dass die Schultern und der obere Rücken rund werden. (Fragezeichenhaltung).

Der vierte zu den Brustmuskeln zählende Muskel wird auch subclavius genannt. Er entspringt am Brustbein und dem 1. bis 4. Rippenknorpel und hat seinen Ansatz in der Schulterfaszie und dem musculus infraspinatus. Er zieht also bis auf Höhe des Schulterblatts und leistet einen entscheidenden Beitrag zur Fixierung der Schulter am Rumpf.

Ich habe die Erfahrung gemacht, dass ein anhaltend hypertoner Brustmuskel, wie es zum Beispiel sehr häufig bei Pferden der Fall ist, deren andere Rumpfträger bereits geschwächt sind, zu einer Entzündung der Bizepssehne führen kann. Dies ist mit erheblichen Schmerzen und hochgradiger Lahmheit verbunden. Wird nun lediglich die Entzündung der Sehne behandelt, der Tonus des Brustmuskels aber nicht reguliert, wird die Erkrankung leicht chronisch und das Pferd unreitbar. Das vielleicht noch zur Information.

Bei Pferden, deren Haupt-Rumpfträger ermüdet sind oder die aufgrund anderer Dysfunktionen, Blockierungen oder Einschränkungen ihrer Funktion nicht mehr oder nicht mehr vollumfänglich nachkommen können, kann man häufig eine Vergrößerung der Brustmuskeln beobachten. Manchmal ist diese Vergrößerung einseitig stärker ausgeprägt und gibt dann Hinweise auf eine einseitige Schwäche anderer Rumpftragemuskeln.

Als ein wichtiger Bestandteil der Rumpf-Vorderbein-Verbindung sowie unmittelbar an dem Heranziehen, dem Vorführen und Zurückführen des Beines beteiligter Muskeln kann eine Verspannung oder Ermüdung hier natürlich ebenfalls schnell zu Schwierigkeiten führen.

Übertriebenes Training von Seitengängen und Traversalen sei hier gesondert erwähnt, aber im Grunde reicht schon das Herumstehen in der Box oder auf dem winzigen Paddock, denn diese Muskeln benötigen - genau wie alle anderen - den Wechsel zwischen An- und Entspannung, um geschmeidig, aktiv und gesund zu bleiben.

Hinweise auf Verspannungen der Brustmuskeln:

- Abwehr gegen das Gurten
- Gebundener Gang direkt nach dem Satteln
- Widersetzlichkeit beim Reiten, mag nicht vorwärts gehen
- Stolpern und Unsicherheit beim bergab- oder bergauf gehen
- Schwierigkeiten beim Überwinden von Hindernissen, die ein weites Vorgreifen der Vorhand erfordern
- Insgesamt festes Pferd (auch hier wird nicht nur der Trageapparat sondern auch die ventrale Muskelkette geschwächt)

Auslöser:

- Ermüdung oder Ausfall anderer Strukturen des Trageapparates
- Blockaden des Brustbeines
- Zu enges Gurten
- Unpassender Sattel
- Endlose Wiederholung derselben Lektionen oder Aufgaben, keine Abwechslung in der Arbeit.
- Reiten in tiefem Boden
- Unerkannte Erkrankungen/Schmerzen in der Vorhand (Kompensation)
- Mangelnde freie Bewegung (keine Weide, Boxenhaft)

Die Brustmuskeln bilden von unten eine stabile aber flexible Aufhängung für den Brustkorb zwischen den Vorderbeinen. Sie sind Teil des Rumpftrageapparates und der ventralen Kette. Eine Überlastung wird häufig durch Empfindlichkeit und Abwehr des Pferdes gegen Berührungen im Bereich des Brustbeins und der Gurtlage erkennbar.

Die Bauchmuskeln

Kommen wir nun zu den herausragenden Elementen der ventralen Kette: Den vier Bauchmuskeln. Wir haben ihre Bedeutung als Träger des Gewichtes der Bauchorgane bereits besprochen und wenn wir uns nun ansehen, wie sie verlaufen, wird das noch verständlicher. Sie haben zudem alle Ansätze in elastischen Bändern, was eine größere Anpassungsfähigkeit an Volumenänderungen in den Bauchorganen (Futtermengen, Trächtigkeit) ermöglicht und zugleich die elastische Tragegurt Funktion der Bauchmuskulatur unterstützt. Das sogenannte Tendo praepubicus, an dem unter anderem die Linea alba (untere Verspannung, „Gegenstück" zum Rückenband) inseriert, ist neben dem Leistenband und der Linea alba selbst die dritte sehnenartige Ansatzstelle für die Bauchmuskulatur.

Der gerade Bauchmuskel

Der erste im Bunde ist der gerade Bauchmuskel (rectus abdominis). Er verläuft mittig unter dem Bauch und hat seinen Ursprung am 4.-9. Rippenknorpel sowie den umliegenden Teilen des Brustbeines. Sein Ansatz liegt an den Oberschenkelköpfen sowie an einem großen Beckenband, welches mittig am Schambein sitzt und von dort nach rechts und links zu den Oberschenkelköpfen weitere Bänder entlässt, es ist quasi zwischen den Oberschenkelköpfen und dem Schambein aufgehängt.

Dieser elastische Ansatz des geraden Bauchmuskels erlaubt eine größere Anpassungsfähigkeit an das wechselnde Gewicht der Bauchorgane sowie Umfangsänderungen innerhalb des Bauches. Er ist an der sogenannten Bauchpresse beteiligt, die zum Beispiel beim Absetzen von Kot/Urin oder bei Geburten zum Einsatz kommt. Für uns Reiter am wichtigsten ist aber seine Aufgabe als Beuger der Wirbelsäule. Wenn wir uns vorstellen, wie der Muskel sich vom Brustbein aus verkürzt und damit das Becken (mittig) nach vorne zieht, kann man nachvollziehen, dass dies ein sehr effektiver Weg ist, die Wirbelsäule in die Flexion zu bringen, sprich nach oben aufzuwölben.

Die Brust-Lendenfaszie

Bevor wir uns mit den anderen drei Bauchmuskeln befassen, wollen wir uns noch einmal kurz die Brust-Lendenfaszie (Fascia thorakolumbalis) in Erinnerung rufen, die wir im zweiten Teil bereits besprochen haben. Sie umhüllt im Grunde den ganzen Rücken des Pferdes mit all seinen Muskeln und geht nach kopfwärts in den Rautenmuskel, den Schulterblattknorpel und in die Halsfaszie über. Kruppenwärts verbindet sie sich mit dem Ursprung des breiten Rückenmuskels (latissimus dorsi) und der glutealen Faszie. Sie ist mit dem Rückenband, den Dornfortsätzen der Brust- und Lendenwirbelsäule, den ersten Kreuzwirbeln, dem Tuber sacrale, der Crista iliaca und dem Hüfthöcker verbunden. Es ist also keine Übertreibung zu sagen, dass diese robuste, dicke Faszie einen erheblichen Teil zur Stabilität und Elastizität des Rückens beiträgt. Und falls Sie sich wundern, warum wir sie an dieser Stelle noch einmal besprechen: Die anderen drei Bauchmuskeln sind mit ihr verbunden. Es gibt also eine direkte Verbindung zwischen unterer und oberer Muskelkette, und zwar über die Brust-Lendenfaszie und die Bauchmuskulatur. Naturgemäß ist auch diese Verbindung auf ein optimales Zusammenspiel der Muskulatur angewiesen: Bei ausgeschalteter ventraler Muskulatur wird auch die Brust-Lendenfaszie verspannen, wohingegen eine aktive ventrale Muskulatur dem vorbeugen kann. Andererseits kann eine feste Brust-Lendenfaszie dafür sorgen, dass die folgenden drei Bauchmuskeln ihrer Arbeit nicht optimal nachkommen können, was nicht nur zu einer weiteren Verspannung des Rückens führt, sondern auch zum Absinken desselben.

Der quere Bauchmuskel

Der quere Bauchmuskel, der sogenannte transversus abdominis, entspringt mit seinem vorderen Teil am 7. bis 18. Rippenknorpel (er wechselt sich dabei mit dem Zwerchfell ab), der hintere Teil hat seinen Ursprung an den Querfortsätzen der Lendenwirbel und in der Brust-Lendenfaszie. Der Muskel ist ein wichtiger Hilfsmuskel für die Ausatmung, er ist außerdem an der Bauchpresse beteiligt und beugt die Wirbelsäule. Bei Pferden mit COPD oder anderen chronischen Atemwegserkrankungen kann dieser Muskel stark verspannen und dadurch die ventrale Kette schwächen oder gar außer Kraft setzen. In manchen Fällen tritt dies auch nach einem „normalen" Husten auf. Wie wir in Band I besprochen haben, sollte man nach jedem Husten kontrollieren, dass der Widerrist nicht blockiert ist. Hier können wir hinzufügen: Bitte auch Zwerchfell und Bauchmuskeln kontrollieren lassen.

Der innere schräge Bauchmuskel

Der innere schräge Bauchmuskel (obliquus internus abdominis) dient als Rumpfbeuger und hilft bei der Bauchpresse. Er entspringt am Hüfthöcker und aus dem Leistenband, welches mit der Faszie des Iliopsoas verwoben ist und schließlich in dem großen Beckenband endet, in dem der gerade Bauchmuskel seinen Ansatz hat. Der Ansatz des inneren schrägen Bauchmuskels liegt in der Linea Alba und am Rippenbogen.

Der äußere schräge Bauchmuskel

Der äußere schräge Bauchmuskel (obliquus externus abdominis) hat zwei Teile: Der hintere Teil hat seinen Ursprung in der Brust-Lendenfaszie und seinen Ansatz am Hüfthöcker und an dem großen Beckenband, welches auch dem geraden Bauchmuskel als Ansatz dient. Sein vorderer Part entspringt an den Rippen (ab der 4. oder 5. Rippe) und setzt in der Linea alba an. Dieser Muskel dient als großflächiger und elastischer Tragegurt für die Bauchorgane. Das Besondere dabei ist, dass seine breite, flächenhafte Sehne in die Fascia latae sowie die Brust-Lendenfaszie übergeht. Er bildet damit eine direkte Verbindung zwischen Bauch, Hinterbein und Rücken sowie zwischen ventraler und dorsaler Kette.

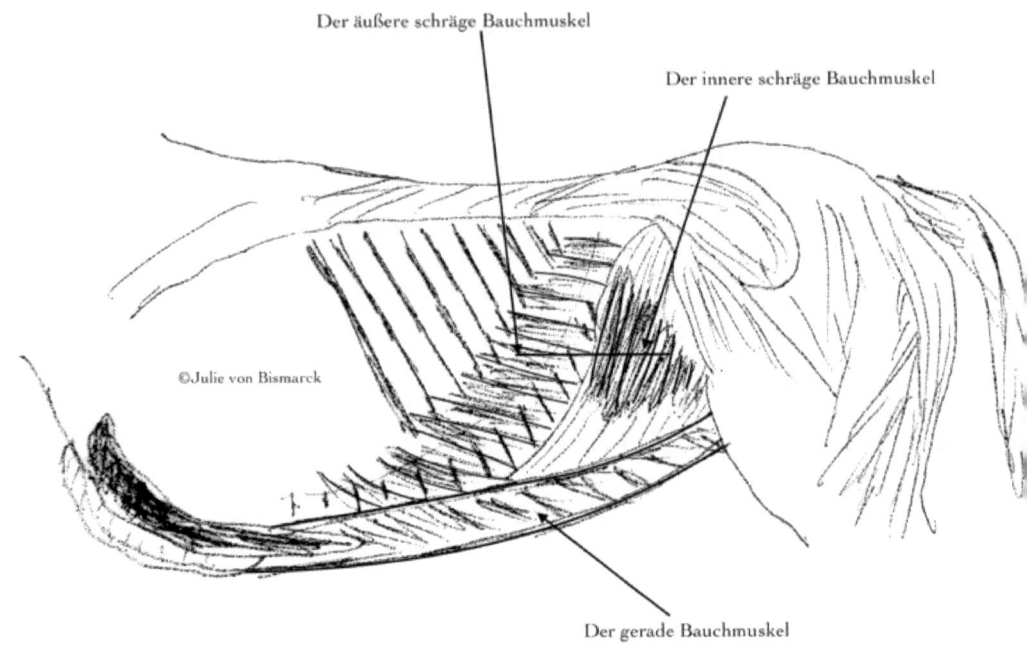

Der äußere schräge Bauchmuskel

Der innere schräge Bauchmuskel

©Julie von Bismarck

Der gerade Bauchmuskel

Die Bauchmuskeln bilden die stärksten Heber des Rückens. Sie haben eine große Anpassungsfähigkeit an Umfangsveränderungen des Bauches und ermüden während der Tragearbeit kaum.

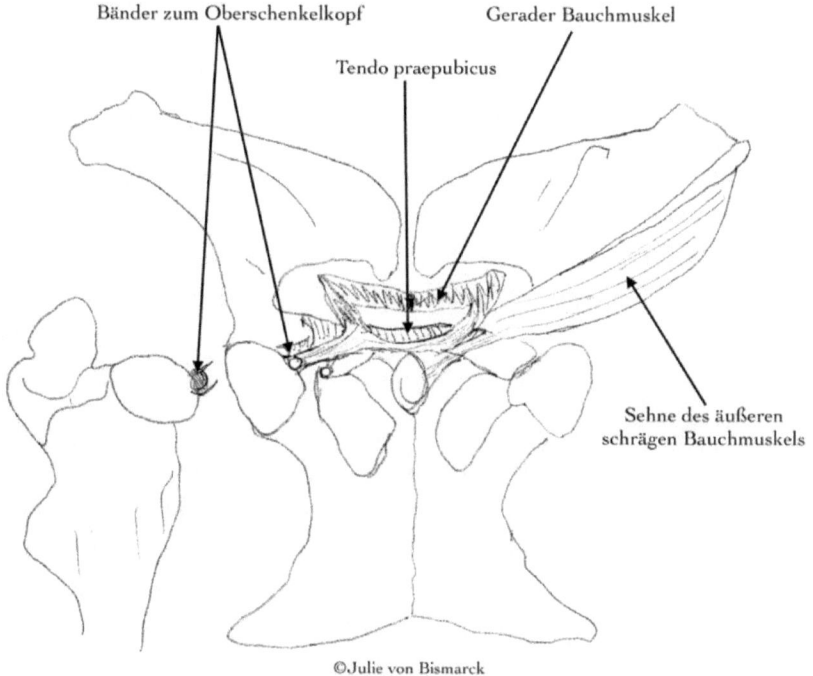

Bänder zum Oberschenkelkopf

Gerader Bauchmuskel

Tendo praepubicus

Sehne des äußeren
schrägen Bauchmuskels

©Julie von Bismarck

Becken von unten

Das Tendo praepubicus und der Ansatz des geraden Bauchmuskels

Der Quadriceps femoris

Der Quadriceps besteht aus vier Teilen, die wir hier der Einfachheit halber aber zusammen besprechen wollen. Der Ursprung liegt am Darmbeinkörper (nicht den Darmbeinflügeln) und am Oberschenkelknochen und zwar sowohl an dessen Innenseite als auch an dessen Außenseite. Die Endsehne dieses Muskels bildet das mittlere Kniescheibenband, welches über die Kniescheibe läuft und am Schienenbein ansetzt. Der Muskel dient als Hüftgelenksbeuger und Kniegelenksstrecker sowie Feststeller des Knies.
Und: Er hält die Kniescheibe in ihrer Position. Jede Störung im Muskeltonus kann somit erhebliche Schwierigkeiten im Knie verursachen. „Springende" und festgestellte Kniescheiben sind, so sie nicht wachstumsbedingt vorkommen, meiner Erfahrung nach fast immer die Folge falschen Trainings, sprich: des Reitens auf der dorsalen Muskelkette und der Vernachlässigung der ventralen Muskulatur. Es bringt in solchen Fällen also nichts, die Bänder anzuspritzen oder sie zu durchtrennen. Eine Trainingsumstellung zur Kräftigung und elastisch Haltens des Quadriceps femoris hingegen wirkt meist Wunder.

Der Tensor fasciae latae

Dieser Muskel hat seinen Ursprung am Hüfthöcker und setzt an der Kniescheibe, am äußeren geraden Kniescheibenband und dem Schienbein an. Da ein Teil dieses Muskels mit einem der Glutealmuskeln (dem gluteaeus superficialis) verwachsen ist, hat er über diesen außerdem einen Ansatz am Oberschenkelknochen. Der Tensor fasciae latae spannt, wie sein Name vermuten lässt, die Oberschenkelfaszie = fascia lata, welche die gesamte Oberschenkelmuskulatur umhüllt. Er beugt das Hüftgelenk und bringt die Hinterbeine nach vorne. Seine Kraft hat wesentlichen Einfluss darauf, wie weit die Hinterhand unter den Körper fußt und er ist wie schon besprochen einer der Antagonisten der Sitzbeinmuskeln (Hamstrings). Eine dauerhafte Verspannung dieser Muskulatur kann den Tensor fasciae latae außer Kraft setzen. Ein unter den Körper fußen ist dann ebenso wenig möglich wie das Setzen auf der Hinterhand, ein Unterkippen des Beckens oder reelle Versammlung.

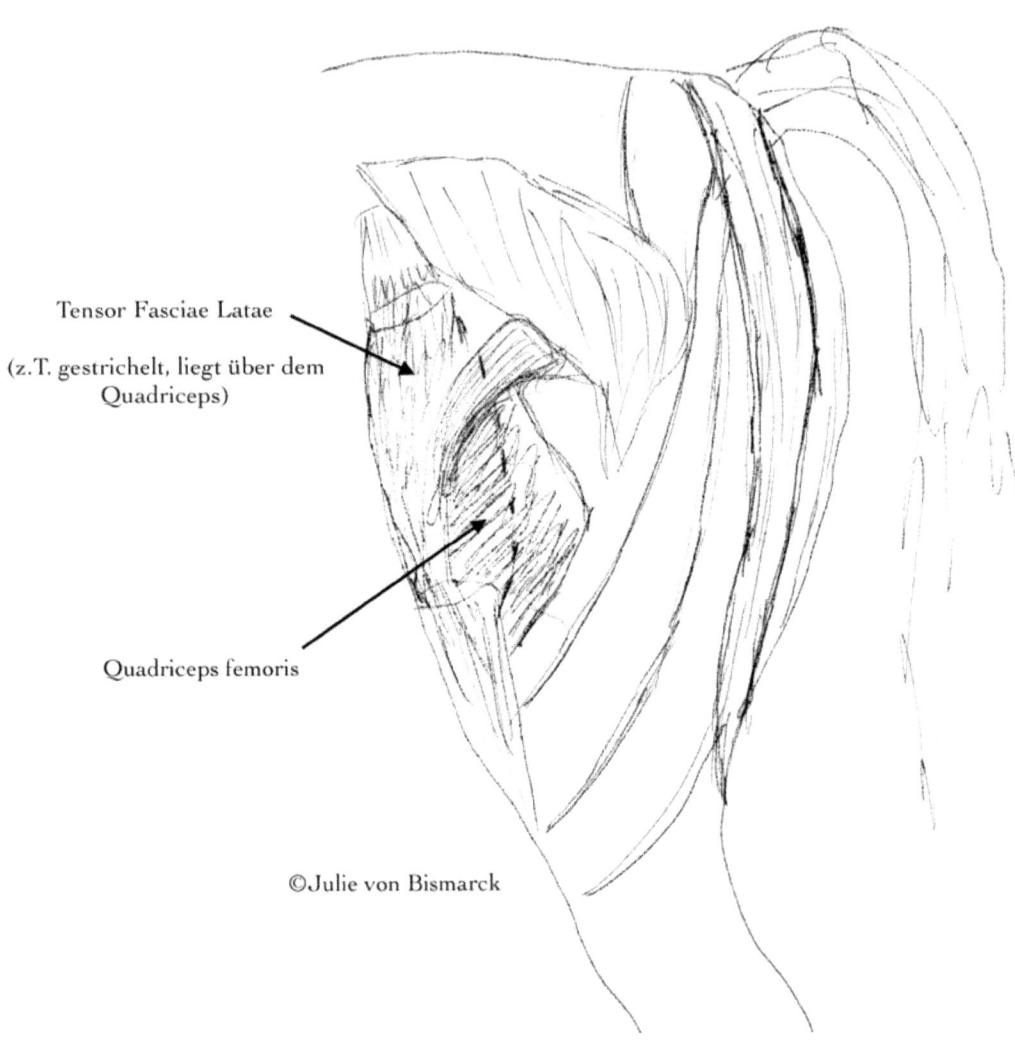

Tensor Fasciae Latae

(z.T. gestrichelt, liegt über dem Quadriceps)

Quadriceps femoris

©Julie von Bismarck

Quadriceps und Tensor fasciae latae: Die beiden Antagonisten der langen Sitzbeinmuskeln (Hamstrings) sind durch das Reiten auf der dorsalen Kette oder auf angespannten Pferden sehr leicht nachhaltig zu schwächen, da sie gegen verspannte Hamstrings nicht ankommen. Knieprobleme, Erkrankungen der Bänder sowie der Hüftgelenke sind häufige Folgen.

Der Iliopsoas

Dieser Muskel besteht eigentlich aus zwei Teilen, dem Iliacus und dem Psoas, aber wir werden der Einfachheit halber beide zusammen als einen Muskel besprechen. Der Ursprung liegt im wirbelnahen Teil der letzten beiden Rippen, den Querfortsätzen und Körpern aller Lendenwirbel, an der Unterseite des Kreuzbeins, im Becken sowie an der Unterseite der letzten drei Brustwirbel und der ersten Lendenwirbel. Der Ansatz liegt am Oberschenkelknochen. Er zieht bei Kontraktion also die Oberschenkelknochen Richtung Wirbelsäule, was zu einem Beugen des Hüftgelenks und Kippen des Beckens führt und das Hinterbein nach vorne bringt. Bei abgestelltem Bein stabilisiert er die Wirbelsäule. Der Muskel hat außerdem eine Verbindung zum Zwerchfell, weshalb sein Tonus sich durch ein festes Zwerchfell ändern kann – und andersherum.

Eine Verspannung des Iliopsoas kann zudem zu einem sogenannte „Karpfenrücken" führen und zu einer Vorständigkeit der Hinterbeine. Letzteres kann dann den falschen Anschein erwecken, das Pferd fuße unter den Körper.

Anzeichen für einen verspannten Iliopsoas:

- Schwierigkeiten im Galopp durchzuspringen
- Weigerung zu galoppieren
- Unbequemer, stockiger Galopp

- Bockt viel oder gar nicht
- Generelle „Unrittigkeit"
- Schwierigkeiten mit der Versammlung
- Bewegungseinschränkung der Hüftgelenke, umliegende Muskulatur verspannt ebenfalls.
- Bei anhaltender oder massiver Verspannung arbeitet er gegen den langen Rückenmuskel. Dann erscheint eine „Kuhle" ungefähr zwischen den Lendenwirbeln und dem Kreuzbein.

Ursachen:

- Zu viel versammelnde Arbeit
- Sliding stops etc.
- Unfälle, z.B. Wegrutschen mit der Hinterhand
- Kompensationen durch Störungen in den Muskelketten
- Hüftgelenksblockaden (und vice versa)
- Extrem verspannte Hamstrings oder hoher Tonus/Entzündung im langen Rückenmuskel.

Typisch für das Reiten auf der dorsalen Kette ohne Engagement der ventralen Muskulatur: Auch der Iliopsoas wird, wie viele Muskeln aus der ventralen Kette fehl- und überbelastet, es bildet sich eine Kuhle zwischen Lendenwirbel und Kreuzbein. Die Hinterbeine können nicht unter den Körper fußen, das Becken nicht abkippen.

Der gemeinsame Zehenstrecker

Der Ursprung dieses Muskels liegt am Oberschenkelknochen, sein Ansatz an Huf-, Fessel- und Kronbein. Er beugt das Sprunggelenk und streckt die Zehengelenke.

Das ist jedoch nicht alles: **Die Sehne dieses Muskels ist mit dem Unterstützungsband des Fesselträgers verwachsen**, womit sich, wenn man den Fesselträger der Hinterhand mit zur dorsalen Kette zählt (was er offiziell **nicht** tut) der Kreis zwischen ventraler und dorsaler Kette buchstäblich schließt.

Der Tonus des langen Zehenstreckers hat Einfluss auf den des Fesselträgers und andersherum. Da der Fesselträger der Hinterhand durch jede Art von Verspannung in der Gluteal-, Sitzbein- und Rückenmuskulatur, durch Blockierungen der Kreuzdarmbeingelenke und Fehlbelastungen der Hüftgelenke extrem schnell fehl- und überbelastet wird, kann dies die ventrale Muskelkette auch von hier außer Kraft setzen.

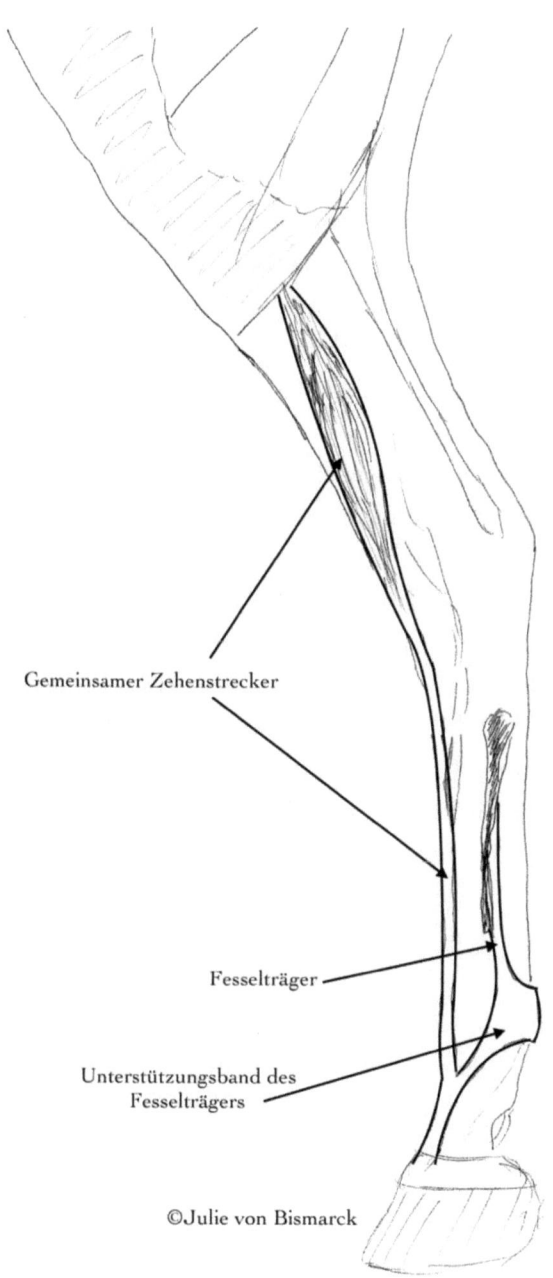

Gemeinsamer Zehenstrecker

Fesselträger

Unterstützungsband des
Fesselträgers

©Julie von Bismarck

Und hier ist in diesem Zusammenhang ein Hinweis aus meiner persönlichen Erfahrung: 90 % der Pferde mit Erkrankungen des Fesseltrageapparates der Hinterbeine (samt Unterstützungsbändern und Gleichbeinen), die mir in meiner aktiven Karriere vorgestellt wurden, waren ohne Engagement der ventralen Muskulatur und rein auf den Muskeln der Oberlinie geritten worden. Leider wurden dann häufig dennoch lediglich die Symptome und die lokale Entzündung des Fesselträgerapparates behandelt, anstatt das Reiten zu verändern.

Weil viele Reiter einfach nicht glauben können, dass die Art und Weise wie sie reiten falsch ist - immerhin haben sie es ihr ganzes Leben lang so gelernt - und weil es auch immer noch viele Tierärzte gibt, die keinen Zusammenhang zwischen Fesselträgerentzündungen und Art der Einwirkung des Reiters beziehungsweise des Trainings herstellen oder vielleicht auch einfach nur den Reiter nicht verärgern wollen.

Viele mit Pferden befasste Personen glauben damit zum Beispiel ein Fesselträgerschaden entsteht, müsse das Tier einen Unfall haben oder jeden Tag S Springen gehen. Das ist **nicht** der Fall.

Ganz „normales" Herumreiten auf den Muskeln der Oberlinie, wie es eben leider sehr schnell passiert, wenn man nicht gelernt hat, die ventrale Muskulatur zu engagieren, korrekt vorwärts abwärts zu reiten etc., reicht vollkommen aus.

Noch schneller geht es, wenn dabei extrem auf das Maul/den Kopf des Pferdes eingewirkt wird. Lassen Sie uns einfach einmal ansehen, was dann passiert.

Wirken wir stark mit der Hand auf das Pferdemaul ein, und dies womöglich noch bei zugeschnürtem Nasenriemen, so dass das Pferd dem Druck nicht durch Öffnen des Maules entgehen kann, so verursachen wir damit mindestens

- Blockierungen der Kiefergelenke
  - ⇨ Zahnprobleme
  - ⇨ Schwierigkeiten beim Kauen
  - ⇨ Blockaden der Kreuzdarmbeingelenke
- Bewegungseinschränkungen im Zungenbeinapparat
  - ⇨ Schwierigkeiten beim Schlucken (Dehydration, Kraftfutter bleibt liegen)
  - ⇨ Blockaden der Schulter
- Blockierung im Genick
  - ⇨ Blockierung im Kreuzbein
  - ⇨ Erkrankungen Carpalgelenk und darunter
- Beeinträchtigung des Brustbein-Unterkiefermuskels und des Schulter-Arm-Muskels
  - ⇨ Zwei Seile des Trageapparates fallen aus und zwei Muskeln der ventralen Muskelkette ebenso
  - ⇨ die bauchwärtige Muskulatur kann nicht wie vorgesehen arbeiten
  - ⇨ die Muskeln der Oberlinie überwiegen und halten den Rücken in Streckung (drücken ihn nach unten

hin durch) = der Weg zum Absinken des Brustkorbes zwischen den Vorderbeinen und dem Zusammenrücken der Dornfortsätze ist vorprogrammiert

⇨ Ohne effektive Gegenspieler verspannt die Muskulatur der Oberlinie zudem irgendwann, schmerzt und entzündet sich
⇨ Die Verspannungen in der dorsalen Muskelkette führen zu Fehlstellungen und Fehlbelastungen in den Gelenken, Sehnen und Bändern
⇨ Sehenschäden/-entzündungen, auch Fesselträger
⇨ Gelenkentzündungen, Verschleiß und Arthrosen.

Und dies sind nur die ersten und offensichtlichsten Folgen. Wie wir in Band I gesehen haben reichen diese bald auch in die Organe des Pferdes hinein und verschlimmern die Gesamtsituation dadurch noch einmal erheblich. Irgendwann ist es beinahe unmöglich, alle gesundheitlichen Einschränkungen im Pferd zu beheben. Daher noch einmal: Das Zuschnüren des Pferdemaules ist genauso wenig „unschädlich", wie zu viel Druck auf dem Zügel oder das Einwirken mit scharfen Gebissen – dadurch wird zwar der Druck weniger aber auch nur, weil es dem Pferd schon viel eher so extrem weh tut. Ein gut ausgebildeter Reiter auf einem gut ausgebildeten Pferd braucht diese massive Einwirkung nicht.

8. Kapitel
Beispiele aus der Praxis

Eine Reiterin reitet ihr Pferd „Dressur". Das sieht so aus, dass sie jeden Tag in den Stall fährt, ihren Liebling auf Hochglanz putzt und 4x bandagiert, entweder mit überdimensionalen Bandagierkissen, die bis zum Boden reichen und wie sie sagt „den Kronsaum und den Huf schützen" oder mit passenden Hufglocken ausgerüstet. Sie ist immer top geschminkt für ihre social media Follower und natürlich sind Schabracke und Outfit der Reiterin aus der gleichen Kollektion wie die Bandagen und Glocken.

Um es an dieser Stelle gleich dazu zu sagen: Ich bandagiere unter bestimmten Umständen auch für ein Training, sogar mit den besagten langen Unterlagen, ich verwende Hufglocken und passe mein Outfit gerne dem Rest an – oder anders herum. Allerdings gibt es bei mir absolut kein Bling Bling und nur schlichte Materialien und Farben. Reiter und Pferd sollten durch ihr Können und ihre Harmonie verzaubern und nichts sollte davon ablenken.

Das Pferd in unserem Beispiel geht nicht mit anderen Pferden auf eine große Weide sondern nur auf ein kleines Paddock. Die Begründung der Besitzerin (und die des Stallbetreibers, der schlicht nicht über ausreichende Weideflächen verfügt): „Der steht sowieso nur am Tor".

159

Auf den Einwand, dass dies möglicherweise daran liegen könnte, dass er auf dem handtuchgroßen Paddock weder grasen noch sich austoben kann, reißt die Besitzerin entsetzt die Augen auf und ruft: „Oh mein Gott! Eine größere Weide würde ja überhaupt nicht infrage kommen - die Verletzungsgefahr ist VIEL zu groß! Ich riskiere doch nicht, dass mein Puschi sich weh tut!"

Nun, dass er sich weh tut ist in diesem Beispiel tatsächlich unwahrscheinlich. Dass er unter massiven Schmerzen leidet ist hingegen garantiert.

Denn das tägliche Training der Reiterin sieht so aus: 10 Minuten Schritt, währenddessen „stellt sie das Pferd schon mal an den Zügel", worunter sie versteht, ihm die Nase Richtung Brust zu ziehen, dann 25 Minuten Trab in einer Haltung, in der die Stirn des Pferdes in etwa im 45° Winkel Richtung Boden zeigt, in den ersten Minuten mit einem tiefen Hals, dann mit einem höheren Hals, aber immer in diesem Winkel. Dann folgen 20 Minuten Galopp und Trab im Wechsel, wobei die Haltung des Pferdekopfes sich nicht verändert. Zum Schluss gibt es etwa 5 Minuten Schritt, dann deckt sie das dampfende Pferd mit einer Abschwitzdecke aus der passenden Kollektion ein und bringt es zurück in seine Box. Sie reitet immer auf Kandare und immer mit Sporen, was sie damit begründet, auf diese Weise „feiner einwirken" zu können. Das Reithalfter der Kandare ist fest zugezogen, sie hat einen „Schoner" darunter geschnallt und glaubt, das würde diese Maßnahme pferdefreundlich machen. Sie glaubt ebenfalls, dass die Haltung, in der sie ihr Pferd reitet, den Rücken aufwölbt. Von ihrem Trainer hat sie gelernt, dass sie ihn „rund und tief machen" soll, womit der Hals gemeint ist, denn das würde den Rücken stärken. Sie hat eine Freundin im Stall, mit der sie manchmal im Schritt die etwa 300 Meter um die Weiden herum reitet und anschließend auf ihrem Instagram ein Foto von sich und ihrem (immer noch auf Kandare gezäumten) Pferd postet, dieses Mal statt mit Bandagen mit braunen Fellgamaschen und entsprechenden Glocken (in diesem Fall an allen 4 Beinen und nicht nur vorne wie sonst), brauner Schabracke und braun gekleideter Reiterin. Darunter steht: „Heute waren wir mal wieder im Gelände!" Herzchensmiley.

Ihre Freundin hat von dem Trainer denselben Rat bekommen und reitet in der exakt selben Weise, außer dass bei ihr statt Lektionen Sprünge auf dem Programm stehen. Eines Tages will nun das Pferd unserer Reiterin aus dem Beispiel nicht mehr antraben. Als sie ihm die Glitzersporen in den Bauch sticht, wie sie es sonst auch macht, fängt es an, rückwärts zu laufen und bleibt dann kopfschüttelnd stehen - da kann sie stechen und hauen, wie sie will. Ihre Stallkollegin versucht noch, das Tier mit der Longierpeitsche zu animieren. Aber als es dann notgedrungen antrabt, ist es so derartig lahm auf allen vier Beinen, dass selbst seine Besitzerin merkt, dass etwas nicht stimmt. Sie ruft den Tierarzt, welcher eine massive Entzündung im Rücken feststellt, Schmerzmittel, Entzündungshemmer und Pause verschreibt, den Rücken anspritzt und einen Termin für in 3 Wochen macht, das Pferd soll bis dahin nicht geritten oder longiert werden. Was in diesem Fall, da es nicht auf die Weide darf, bedeutet: Es steht 24/7 in einer 3x4 m Box. Oder auf dem 6x4m winzigen Paddock. Mit Ausnahme der 20 Minuten, in denen die Besitzerin es Schritt führt - was sie aber ab dem dritten Tag nur noch unter Sedation tut, weil sie das Kraftfutter nicht gekürzt hat („da würde er ja Muskeln verlieren") und das arme Tier inzwischen so voller Energie und Schmerzmitteln steckt, dass es an nichts anderes denken kann, als sich einmal so richtig auszubocken und auszutoben. Das Pferd wird also die nächsten 2 ½ Wochen jeden Tag sediert und fristet sein Leben in seiner Spänebox.

Um eine lange Geschichte abzukürzen: Es hat inzwischen nicht nur die von der Reiterin hineingerittenen muskulären Probleme, es hat auch mindestens ein Magengeschwür und ziemlich sicher bereits beginnende Entzündungen in Sehnen und Gelenken. Der TA spritzt nach 3 Wochen erneut an, die Reiterin beginnt wieder zu reiten wie zuvor, der Rücken schmerzt sofort wieder, sie kauft eine Bemerdecke und eine Magnetdecke und therapiert das Pferd damit täglich, auch Physiotherapeuten und Osteopathen geben sich die Klinke in die Hand. Man kann ihr also wirklich nicht vorwerfen, sie würde nichts für ihr Pferd tun. Das riesengroße Problem ist nur: Sie ist der Grund dafür, dass das Pferd überhaupt in einer so schlimmen Verfassung ist und all die Behandlungen, die sie durchführen lässt, helfen dementsprechend nur sehr kurzfristig. Ihr Irrglaube, Kandare und Sporen würden zu einer feineren Einwirkung führen, ist da beinahe noch das geringste Übel. Irrglaube deswegen, weil das natürlich Unsinn ist - das tun sie nämlich nicht. Für den Reiter fühlt es sich so an, weil die scharfe Zäumung dazu führt, dass das Pferd den Hals runternimmt und die Sporen auch dann das Pferd antreiben, wenn es auf das Bein schon nicht mehr reagiert oder der Reiter überhaupt nicht weiß, wie man korrekte Hilfen gibt.

Um das noch einmal ganz klar zu sagen: Solch schmerzhafte Ausrüstung ist ausschließlich für Reiter gedacht, die so gut reiten, dass sie diese Ausrüstung nicht benötigen. Die Kandare ist - leider - bei bestimmten Prüfungen immer noch Pflicht, die Sporen gelten bei vielen Reitern - leider - als Teil der Reitausrüstung.

Viel schlimmer ist aber, dass sie vollkommen falsch reiten gelernt hat und ihr Pferd daher in eine Haltung nötigt, in der es seinen natürlichen Bewegungsablauf nicht ausführen kann. Bei einer Kopfhaltung wie der, die sie herbeiführt, ist es vollkommen egal, auf welcher Höhe sich der Hals befindet: Der Rücken wird garantiert nach unten durchgedrückt statt angehoben und die Hinterhand kann nur gegen erheblichen Widerstand unterfußen, was wiederum zu Fehl - und Überbelastung führt. Warum? Der erste wichtige Punkt ist, dass durch diese Haltung das Nackenband überdehnt und dadurch an seinen Ansätzen am Hinterhauptsbein und an den Dornfortsätzen des Widerrists gereizt wird. Dieses Pferd hat mit einer

98%igen Wahrscheinlichkeit bereits chronische Veränderungen am Ansatz des Nackenbandes, also im Genick, und wie eingangs besprochen führt allein dieser Umstand zu einer Über- und Fehlbelastung der Hals- und Rückenmuskulatur.

Zweitens kann das Pferd in dieser Haltung weder seine dorsale noch seine ventrale Muskulatur wie von der Natur vorgesehen nutzen, aber seine dorsale Kette verspannt in jedem Fall massiv. Zum einen, weil diese forcierte Hals- und Kopfhaltung das Pferd in Stress versetzt und es instinktiv die Fluchtmuskeln anspannt, das heißt auch, gegen den Widerstand des unten fixierten Kopfes den Hals anzuheben versucht, zum anderen, weil eine solche Haltung für die Fortbewegung in Schritt, Trab, Galopp nicht vorgesehen ist – schon gar nicht für einen derart langen Zeitraum und mit Reitergewicht im Rücken. In der Folge verspannen der Splenius (welcher versucht, den Hals und Kopf gegen die forcierte Haltung anzuheben, wie es im Falle einer Flucht normal wäre), der lange Rückenmuskel (welcher mangels funktionierender ventraler Kette die Tragearbeit übernimmt) und die Gluteal- und Sitzbeinmuskulatur, die durch die erhebliche Anspannung im langen Rückenmuskel ohnehin schon gespannt ist, zusätzlich aber auch noch den Schub für die geforderte Vorwärtsbewegung erzeugen muss.

Auch in der ventralen Kette werden Muskeln in falsche Spannung versetzt: Die Muskeln des Unterhalses, Brachiocephalicus und Sternomandibularis (durch den engen, überflexten Hals und den enormen Druck auf Unterkiefer und Genick), der Iliopsoas, um der Kontraktion des langen Rückenmuskels entgegenzuwirken sowie der Tensor fascia latae und der Quadriceps, um gegen die hohe Spannung und Verkürzung der Sitzbeinmuskeln anzukommen.

Die Bauchmuskeln sind außer Kraft gesetzt und der Rumpftrageapparat ebenso. Letzterem fehlen drei relevante Träger und die verbleibenden Muskeln werden überbelastet. Man kann sich das so vorstellen, als handelte es sich dabei um eine Konstruktion, an der mehrere Halteseile beteiligt sind. Wenn einige dieser Seile keine Last mehr tragen, verteilt sich die volle Last auf die wenigen verbleibenden Stränge. Dass dies bei einer Konstruktion, die auf eine klar definierte Anzahl von Tragseilen ausgerichtet ist, nicht lange gut gehen kann, sollte auch einem nicht in Physik bewanderten Menschen einleuchten.

Das Reiten mit durchgedrücktem, hohlem Rücken (egal, mit welcher Kopfhaltung) und das Reiten mit einem engen Hals führen immer zur Erschöpfung des Trageapparates und somit zu einem Absinken des Brustkorbes zwischen den Vorderbeinen.

Aber zurück zu unserem Beispiel. Wird dieses Pferd nun wieder in die Arbeit genommen und in gleicher Weise geritten wie zuvor, wird es kurze Zeit später wieder dieselben Entzündungen im Rücken haben und zusätzlich zu den bereits vorliegenden und noch nicht

behandelten Magengeschwüren unter anderem folgende
Symptome / Verletzungen / Erkrankungen entwickeln:

- Stolpern, Wegknicken mit Vor- und Hinterhand
- Husten/Atemwegserkrankungen
- Hauptpilz/Ekzem
- Kolik
- Schäden der oberflächlichen und/oder tiefen Beugesehnen der Vorhand
- Fesselträgerentzündungen der Hinterhand
- Blockierungen in TMG, Zungenbein, Genick, HWS, Schulter, Brustbein, Widerrist, BWS, LWS, Sakrum, ISG, Hüfte (siehe Band I)
- Kissing Spines (durch Ermüdung der Tragemuskulatur, siehe Band II)
- Abbau von Muskulatur und Konditionsverlust
- Stellungsfehler der Hufe
- Zahnprobleme (Haken, Wellen)
- Gelenksentzündungen
- Arthrosen

Es ist also durchaus nicht nur ein verspannter Rücken, der durch falsches Reiten entsteht.

Ich möchte hier noch ein weiteres Beispiel aus meiner Praxis wiedergeben, das sehr eindrücklich zeigt, wie schnell fehlendes Wissen unter Reitern zu Tierquälerei führt:

166

Ein Pferd begann beim Reiten die Zunge seitlich herauszustrecken. Die Besitzer ließen einen Osteopathen kommen, der immer wieder das Zungenbein und "irgendwas im Hals" (Zitat Besitzer) behandelte. Da dies nichts änderte, wurden der Nasen- und Sperrriemen einfach so fest verschnallt wie es mit Muskelkraft irgend möglich war, um es dem Pferd unmöglich zu machen das Maul zu öffnen. Kurz darauf begann das Pferd sich herauszuheben und zu verwerfen, Schlaufzügel waren die Lösung. Als das Pferd dann auf einmal nicht mehr sprang und auch durch heftigen Gerteneinsatz nicht dazu zu bewegen war, bat mich die Mutter der Reiterin um Hilfe - und zwar, das möchte ich betonen, nicht etwa, weil ihr das Pferd leidtat, sondern weil ihr Töchterchen keine Turniere mehr gewann. Auf Nachfrage (das Pferd sah aus wie ein Skelett) erwähnten die Besitzer, ja, das Pferd habe in den letzten Wochen an Gewicht verloren und Muskulatur abgebaut, auch ließ es wohl seit geraumer Zeit Kraftfutter liegen, man habe aber den Zahnarzt dagehabt und mit den Zähnen sei nichts. Weiter hinterfragt hatte das allerdings niemand. Nach einer kurzen Untersuchung war für mich klar, dass eine Erkrankung im Vorderbein unterhalb des Fesselkopfes zugrunde liegen musste. Das Pferd reagierte extrem empfindlich in der dazu gehörigen Zone, die üblichen Blockaden in Ellbogen, Schulter, 6./7. Halswirbel, Genick und Zungenbein lagen vor, das diagonale Hinterbein hatte zu kompensieren begonnen - und dazu passend: Das Pferd verweigerte den Sprung.

Dies ist eine andere wichtige persönliche Erfahrung, die ich gerne weitergeben möchte: Pferde mit Schmerzen in einem oder beiden Vorderbeinen (und zwar vornehmlich Fesselgelenk und darunter) verweigern oft den Sprung, weil sie - wie jeder weiß - auf nur einem Vorderfuß landen und die ganze Wucht des Aufpralls auf diesem einen Bein liegt. Wenn nur ein Bein betroffen ist, versuchen die Pferde oftmals den Galopp zu wechseln, um auf dem weniger schmerzhaften Bein zu landen, wenn das auch nicht mehr geht, springen sie nicht mehr ab. Ein anderer häufiger Grund für dieses Verweigern sind schmerzhafte Zustände im Widerrist. Pferde mit Erkrankungen/Schmerzen in Rücken oder Hinterhand springen hingegen häufig immer noch ab, kommen aber oftmals nicht heil über den Sprung. Ein Pferd zum Springen zu zwingen ist also nicht nur tierschutzrelevant, sondern auch sehr gefährlich, kann es doch zu schweren Stürzen führen. An dieser Stelle sei noch hinzugefügt, dass kein Pferd der Welt absichtlich in einen Sprung springt oder eine Stange berührt. Abscheuliche Maßnahmen wie das Barren, das Blistern oder Einreiben der Kronsäume mit scharfen Substanzen sind daher noch widerwärtiger, als es bereits auf den ersten Blick erscheinen mag. Und wer so etwas tut, hat in der Nähe eines Pferdes meiner Meinung nach absolut nichts zu suchen. Das aber nur nebenbei bemerkt.

Ich schickte das Pferd also zum Röntgen und die Bilder zeigten eine akut entzündete und bereits relativ weit fortgeschrittene knöcherne Veränderung zwischen

Fesselbein und Kronbein. Eine der vielen Folgen falschen Reitens und der daraus hervorgehenden kontinuierlichen Fehlbelastung dieser Region.

Die Schmerzen, denen das Pferd durch das mangelnde Wissen ausgesetzt war, möchte man sich nicht vorstellen.

Der Osteopath hatte zwar offenbar die Blockaden in Zungenbein und Hals gefunden, aber nicht die korrekten Rückschlüsse daraus gezogen, was das Leiden des Pferdes unnötig lange hinausgezögert hat. Daher hier noch einmal für alle zum Verstehen und Merken (in "Zusammenhänge im Pferd I" ist es ausführlich beschrieben): Zungenbeinblockaden werden zwar meistens, aber eben nicht immer von harter Hand und schlechtem Reiten hervorgerufen. Häufig liegt die Ursache in Erkrankungen der Vorhand, die eine Schonhaltung mit kompensierender Schultermuskulatur hervorrufen. Ein Sehnenschaden, eine Huflederhautentzündung oder jeder andere schmerzhafte Zustand in einem der Vorderbeine, führt automatisch zu einer Schonhaltung des Pferdes. Die Schulterfaszie wird in Folge dessen verspannen (sie ist der Ursprung des Schulter-Zungenbein-Muskels) und dadurch schließlich der Muskel selbst. Durch diese Anspannung wird die Zunge dann dauerhaft nach hinten gezogen und wir sind wieder bei einem festen Zungenbeinapparat mit allen negativen und teils gefährlichen Folgen für das Pferd. (Teil I)

Ein sicheres Zeichen ist das Liegenlassen von Kraftfutter/Futter und der sich daraus ergebende

Gewichtsverlust. Viele Pferde hören auf zu trinken, werden matt und dehydrieren. Wenn man solche Pferde dann mit Gerte und Sporeneinsatz weiter zwingt, kann das dementsprechend böse enden.

Merke: Ein Pferd, welches die Zunge hochzieht oder herausstreckt, tut dies möglicherweise aufgrund einer zugrunde liegenden, unerkannten Erkrankung eines oder beider Vorderbeine.

Dazu sei an dieser Stelle noch ins Gedächtnis gerufen, dass eine Schulterblockade auch aus der Hinterhand herrühren kann (besonders durch schmerzhafte Zustände des gegenüberliegenden ISG und/oder Hüftgelenks) oder aus der Muskulatur des sogenannten Trageapparates und dass eine Erkrankung der Vorderbeine möglicherweise ebenfalls nur die Folge eines schmerzhaften Zustandes in der Hinterhand ist. Daher ist es so ungemein wichtig, immer das ganze Pferd zu untersuchen und sich nicht nur auf die offensichtlichen Befunde zu konzentrieren.

Das Pferd aus dem Beispiel wurde verkauft nachdem klar war, dass die Tochter aufgrund der knöchernen Veränderungen nicht mehr in dem Maße würde springen würde können. Glück für das Pferd in diesem Fall, denn die neue Besitzerin ließ es über Monate konsequent behandeln (osteopathisch und konservativ) und heute läuft es schmerzfrei und ist besser bemuskelt als es jemals zuvor war, und ganz besonders nicht während seiner „Sportkarriere".

Und noch ein Praxis-Beispiel: Eine Reiterin hatte sich einen sechsjährigen Lusitano gekauft, voller Vorfreude auf eine leichte Verbindung und „vom selbst am Zügel gehen", wie sie es ausdrückte. Groß war die Enttäuschung, als das Pferd nach einigen Wochen in ihrer Obhut immer härter im Maul wurde, sich nicht stellen und biegen wollte, mit dem Kopf schlug, sich in jeder Form wehrte - kurz: nur noch mit erheblicher Kraft überhaupt „an den Zügel" zu stellen war. Ihre Trainerin sagte, sie solle ihn einfach mal rund machen und wenn das nur mit Kraft ginge, sei das eben so, der müsste das einfach mal lernen. Die Reiterin tat wie ihr geheißen und schnallte sich ein Martingal und ein schärferes Gebiss ein, um dieses Ziel überhaupt zu erreichen - aber Freude hatte sie nicht mehr am Reiten. Sie sagte, sie habe das Gefühl, dieses Verhalten passe einfach überhaupt nicht zu dem gutmütigen Naturell des Pferdes und sie fühle sich nicht wohl dabei, ihn so zu reiten. Aber wie so oft vertraute auch sie ihrer Trainerin.
Sie ließ 1x wöchentlich die Physiotherapeutin kommen, 1x im Monat den Sattel kontrollieren, regelmäßig die Zähne untersuchen usw. Nach 1 ½ Jahren bat sie mich schließlich um Hilfe. Ich untersuchte das Pferd, welches in erstaunlich guter Verfassung war gemessen daran, dass es schon so lange so schlecht geritten wurde, und

fand eine sehr alte Blockierung zwischen dem ersten und zweiten Halswirbel. Die Reiterin zeigte eine Mischung aus Erleichterung und Wut, als ich sie über diesen Fund informierte. Warum die Physiotherapeutin das nicht gefunden hätte, wollte sie wissen, und der Tierarzt auch nicht und überhaupt. Ich erklärte ihr, dass man schon etwas anders schauen und wissen müsse, wonach man überhaupt sucht, um solch alte Bewegungsstörungen zu finden und aufzulösen. Nach der Behandlung dauerte es etwa eine Woche und die Reiterin hatte endlich das Pferd, das sie sich die ganze Zeit gewünscht hatte: Einen fein an der Hand stehenden, sich stets bestens betragenden Lusitano. Ihr schlechtes Gewissen dem Tier gegenüber für all das Geziehe, Gehaue und Gesteche, die vielen scharfen Gebisse, das Kopf auf die Brust ziehen und all die anderen „Trainingsmethoden", die sie mit ihrer Trainerin angewandt hatte, war immens. Ich bestärkte sie darin, einfach mehr auf ihr Gefühl zu hören, – denn immerhin hatte sie selbst von Anfang an Zweifel daran gehabt, dass das Pferd „einfach stur" sei.

Und dann noch ein besonders trauriger Fall, der leider ebenfalls keine Ausnahme bildet:
Ein Pferd lief in einer Reitschule. Es war eher triebig und galt daher als besonders brav und „anfängergeeignet". Die Reitlehrerin war zudem der Meinung, der Wallach sei besonders „tragfähig", weshalb sie es gerne für besonders schwere Anfänger

172

genutzt wurde. Nach einigen Jahren, in denen das Tier brav die übergewichtigen und vollkommen unbalancierten Menschen durch die Gegend geschleppt hatte, hatte es Glück: Es wurde versehentlich von einem anderen Pferd, welches sich nicht so viel gefallen ließ, im Unterricht getreten und da ich gerade wegen eines Privatpferdes vor Ort war, bat man mich, erste Hilfe zu leisten bis der Tierarzt da wäre, um die Wunde zu nähen. Ich versorgte also die Verletzung und untersuchte dann den Rest des Pferdes. Als ich den Rücken abdrückte, ging das Pferd stöhnend zu Boden. Und ich meine wirklich zu Boden, nicht nur in die Knie. Ich war wirklich schockiert und fragte die Reitlehrerin wie um alles in der Welt sie darauf käme, Reitschüler (noch dazu viel zu schwere und Anfänger) auf ein offensichtlich schwer rückenkrankes Pferd zu setzen. Sie druckste herum und wollte mir weiß machen, sie hätte nie etwas bemerkt, aber das Tier war derartig berührungsempfindlich im Rücken, dass man das schon beim Putzen hätte feststellen müssen. Der Tierarzt kam und ich machte ihn auf die Rückenschmerzen des Pferdes aufmerksam. Nachdem er die Wunde genäht hatte, tastete auch er den Rücken ab, um sich zu vergewissern und löste im Pferd damit dieselbe Reaktion aus wie zuvor. Seine Ansprache an die Reitlehrerin fiel noch etwas schärfer aus. Er erklärte ihr, dass der gesamte lange Rückenmuskel hochgradig entzündet sei und zwar schon seit Langem und als sie sich weigern wollte, dies behandeln zu lassen, drohte er ihr mit dem

Amtstierarzt wegen Vernachlässigung ihrer Sorgfaltspflicht den ihr anvertrauten Tieren gegenüber. Sie stimmte murrend zu, aber es war allen Anwesenden klar, dass sie das arme Pferd trotz der offensichtlich enormen Schmerzen, unter denen es litt, bereits am nächsten Tag wieder einsetzen würde. Glücklicherweise war unter den umstehenden Reitschülerinnen eine, die ein so großes Herz - und Konto - hatte, dass sie ohne zu zögern auf die Reitlehrerin zuging, ihr die Hand hinstreckte und erklärte, das Pferd kaufen zu wollen. Es gehöre nun ihr und dadurch würde sie natürlich auch die anfallenden Tierarztkosten übernehmen. Bei diesen Worten erhellte sich das Gesicht der Reitlehrerin und sie schlug ein. Ihre einzige Bedingung war, dass das Pferd in einen anderen Stall gehen solle, aber ich glaube, das war nach diesem Ereignis ohnehin schon selbstverständlich. Das Pferd wurde geröntgt, was erhebliche Kissing Spines zu Tage brachte, anschließend von seiner neuen Besitzerin mit viel Mühe und Hingabe aufgepäppelt - und nie wieder geritten. Glück gehabt.

Ich erzähle diese Geschichte, weil ich an dieser Stelle allen Reitern klar machen möchte, dass es Pferde gibt, die sich nichts anmerken lassen. Kein Bocken, keine Widersetzlichkeit, kein Ohrenanlegen beim Satteln – einfach gar nichts. Vielleicht wirken sie ein bisschen „faul" oder „triebig".

Es gibt Pferde, die stoisch jede Art von Missbrauch und Schmerz ertragen und erst dann buchstäblich zusammenbrechen, wenn gar nichts mehr geht.

So etwas darf einfach nicht passieren. Doch leider ist es keine Ausnahme. Im Gegenteil, ich könnte leider Hunderte solcher Beispiele aufzählen und sie waren der Hauptgrund für die Entscheidung, mein Wissen und meine Erfahrungen für alle zugänglich zu machen. Denn derartige Ungerechtigkeit einem so überaus sensiblen Geschöpf gegenüber, welches noch dazu stumm leidet und sich viel zu viel gefallen lässt, ist einfach nicht akzeptabel.

9. Kapitel
Depressive Pferde

Was uns zum nächsten ungeheuer wichtigen und stark unterschätzten Thema bringt: Depressive Pferde.

Sehr oft glauben Reiter, ihre Pferde seien „ruhig und lieb", wenn diese Tiere in Wahrheit unter Depressionen leiden. Es gibt Studien zu diesem Thema, in welchen „in sich gekehrte" Pferde mit normal reaktiven Tieren verglichen wurden. Die Ergebnisse bestätigen etwas, das ich seit vielen Jahren zu vermitteln versuche: Nur weil ein Pferd „ruhig" wirkt, nicht so stark auf Reize reagiert, seien dies Umweltreize, Geräusche oder taktile Reize, heißt das nicht, dass es ihm gut geht. Jedes normal gesunde Pferd wird auf ein unbekanntes plötzliches lautes Geräusch hin den Kopf hochnehmen, die Ohren spitzen, Aufmerksamkeit zeigen. In der Studie wurde daher mit einem ebensolchen Geräusch getestet. Das Ergebnis war, dass die gesunden Pferde wie erwartet reagierten und die Stärke der Reaktion mit der Anzahl der Versuche abnahm. = Eintreten einer Gewöhnung an den neuen Reiz (das Geräusch). Bei den in sich gekehrten Pferden konnte hingegen überhaupt keine Reaktion festgestellt werden. Nun hat jedes Pferd Phasen am Tag, in denen es ruht, die Augen halb oder ganz geschlossen, meist ein Hinterbein entlastet und der Hals in einem Bogen hängend mit der Nase knapp oberhalb des Buggelenks. Bei den in sich gekehrten Pferden waren diese Phasen deutlich länger, als bei den normal reaktiven Pferden und die Tiere schlossen ihre Augen nicht, entlasteten keines der Hinterbeine und der Hals hing viel gerader und tiefer.

Bei beiden Gruppen wurden außerdem die Kopfbewegungen und das Ohrenspiel über einen bestimmten Zeitraum beobachtet: Bei den normal reaktiven Pferden lag der Mittelwert bei 2+ (Kopf) und 3-4 (Ohren) bei den in sich gekehrten Pferden bei null.

Die in sich gekehrten Pferde reagierten also so gut wie gar nicht mehr auf Reize in ihrer gewohnten Umgebung. Außerhalb dieser gewohnten Umgebung jedoch reagierten sie viel extremer und emotionaler, um nicht zu sagen überschießend auf herausfordernde Situationen, als die normal reaktiven Pferde.

Alle in sich gekehrten Pferde hatten außerdem einen niedrigen Cortisolspiegel im Blut, was interessant zu erwähnen ist, da die meisten Leser wohl einen eher hohen Wert erwartet hätten.Es ist ein Phänomen, welches man aus der Humanmedizin kennt: Bei Menschen mit anhaltenden Depressionen, psychischen Traumen oder Posttraumatischen Belastungsstörungen werden fast immer niedrige Cortisolwerte gemessen.

Der niedrige Cortisolspiegel ist kein sicheres Zeichen für eine Depression, aber er ist ein sicheres Zeichen dafür, dass stressauslösender Umgang/Training mit dem Pferd tiefgreifende physiologische Auswirkungen hat.

! Ein niedriger Cortisolwert ist kein Beweis für die Abwesenheit von Stress. Er kann im Gegenteil auf langanhaltenden Stress hinweisen, der sich nicht abschalten lässt.

Wir haben in Teil II über das „noisy brain" gesprochen und über die Bedeutung von Schmerz als Auslöser von Stress in beiden vorigen Bänden.

Wenn wir uns also ansehen, wie extrem schmerzhaft alleine schon Einschränkungen in der Funktion von Muskeln sind, von den daraus entstehenden Blockierungen, Gelenkentzündungen und Verschleißerkrankungen einmal ganz zu schweigen, dann lässt dies folgenden Schluss zu, den ich aus meiner jahrelangen persönlichen Erfahrung genauso bestätigen kann:

Pferde, die nicht so geritten und aufgebaut werden, dass ihre ventrale Muskulatur kräftig genug ist, um die dorsale Muskulatur vor Verspannungen zu bewahren, werden eher früher als später unter massiven Schmerzen, dem damit einhergehenden Stress und den daraus entstehenden organischen und psychischen Folgen leiden.

Mir kommen gerade einige international überaus „erfolgreiche" Dressurpferde in den Kopf, die beim Fertigmachen, im Stall, im Flugzeug und in den Boxenzelten vollkommen ruhig wirken. Und die auf dem

Viereck dann plötzlich durch irgendetwas vollkommen ausflippen. Wenn ich wetten müsste, würde ich darauf tippen, dass diese Pferde alle zu den „in sich gekehrten" aus der Studie zählen würden. Diese Tiere leiden wahrscheinlich unter so vielen Einschränkungen: Mangel an freier Bewegung, Schmerzen und Stress, dass sie schlicht aufgegeben haben und ihnen alles gleichgültig ist.

Wenn ich mich nicht irre, ist dies die Definition von Depression. Das gilt aber natürlich keineswegs nur für besagte „Dressurstars", sondern ebenso für unzählige andere Pferde und zwar durchaus von Reitern, die wirklich glauben, alles richtig zu machen und nur das Beste für ihr Pferd wollen. Das ist wirklich traurig.

Ein anderer wichtiger Fakt, der häufig schlicht missdeutet wird ist, dass es nur einen Instinkt gibt, der beim Pferd stärker ausgeprägt ist, als der Fluchtinstinkt: Dies ist der Herdeninstinkt. Ein Pferd, welches trotz Schmerzen und Unwohlsein bei seinem Reiter bleibt und diesem so das Gefühl vermittelt, ihn „zu mögen" handelt unter Umständen aus dem Instinkt heraus: Lieber bei einem anderen Herdenmitglied, das mir Schmerzen zufügt und mich herumbosst, als ganz allein auf weiter Steppe und damit schutzlos.

Ich finde, es ist ungemein wichtig, dies zu wissen. Denn nur so kann man rechtzeitig handeln und dem Pferd zu einem schönen, gesunden Leben zurück verhelfen.

10. Kapitel
Training der ventralen Muskulatur oder auch: Ohne Bauchmuskeln kein Rücken.

Wie bereits besprochen ist effektives Training nur auf einem losgelassenen, stressfreien Pferd möglich. Um dies zu erreichen erst einmal folgender Rat:

1. Reduzieren Sie die Energiemenge im Futter. Bei gutem Raufutter und Gras ist der Bedarf an Kraftfutter bei einem normal arbeitenden Pferd wirklich gering. Ich habe das in „Reitsport" schon beschrieben, aber etliche Pferde, die unter Verspannungen leiden und sich „nicht loslassen", werden versehentlich oder mit Absicht grell gefüttert. Das ist ein wirklich häufiger Grund für gesundheitliche Probleme, die weit über die gängigen Erkrankungen wie Rehe und Kolik hinausgehen. Etliche Blockierungen und muskuläre Verspannungen wären bei angepasster Kraftfuttermenge schlicht nicht vorhanden.

2. Sorgen Sie dafür, dass Ihr Pferd ganztägigen Weidegang auf einer großen Wiese hat. Auf einem Sandpaddock herumzustehen ist nicht das Gleiche. (Ausnahmen bilden natürlich Pferde, die bereits unter Vorerkrankungen oder Stoffwechselstörungen leiden).

3. Schaffen Sie gegenseitiges Verständnis und Vertrauen zwischen sich und Ihrem Pferd, indem Sie mit ihm Spazierengehen und „schreckliche Dinge" überwinden, wie Kühe, Schafe, Trecker.

4. Steigen Sie nicht auf Ihr Pferd, wenn Sie genervt, angespannt oder extrem aufgeregt sind.

5. Seien Sie körperlich fit.

Ihre Rumpfmuskulatur muss wirklich extrem stark sein, damit Sie Ihr Pferd reiten können, ohne es zu stören und noch stärker, um es dazu zu animieren, seine eigene Bauchmuskulatur anzuspannen.

6. Reiten Sie nicht, wenn Sie zu schwer sind. Das klingt vielleicht blöd, aber ein zu schwerer Reiter wird immer dazu führen, dass das Pferd den Rücken wegdrückt, wodurch es automatisch die Muskeln der dorsalen Kette anspannt.

7. Achten Sie darauf, dass die Ausrüstung (speziell der Sattel) dem Pferd wirklich passt.

8. Versuchen Sie nicht zu trainieren, wenn gerade irgendetwas vor sich geht, von dem Sie schon vorher wissen, dass es Ihr Pferd in Anspannung versetzen wird. Dieser Punkt wird mit der Zeit von alleine obsolet, da das Pferd auch innerlich immer stabiler wird, je stabiler das Gleichgewicht in seinem Bewegungsapparat sich entwickelt.

9. Trainieren Sie abwechslungsreich und sehr viel im Gelände.

10. Machen Sie viele Schrittpausen am *hingegebenen* Zügel. Nur so kann die Muskulatur sich erholen und aufbauen.

Die natürliche Reaktion eines Pferdes auf Reitergewicht ist das Ausweichen, also Wegdrücken des Rückens. Um ein Anheben des Bauches, Rückens und Widerrists zu erreichen, muss man den Rücken des Pferdes zu Beginn unbedingt entlasten, also die eigene Rumpfmuskulatur anspannen, den Bauchnabel zur Wirbelsäule ziehen und etwas in den Entlastungssitz gehen. Darüber hinaus sind lockere, nicht klemmende Beine und kleine Impulse am Pferdebauch wichtig. Dafür sollte man seine Unterschenkel unabhängig von den Oberschenkeln und voneinander anspannen und einsetzen können. Klemmen Sie keinesfalls mit dem Bein. Wenn Sie mit dem Bein einen Impuls am Pferdebauch geben, achten Sie gleichzeitig darauf, dass die Nase vorkommt (ein stets offenes Genick sollte natürlich ohnehin angestrebt werden) und der Hals bestenfalls locker aus dem Widerrist fällt. Versuchen Sie das am Anfang nicht im Schritt.

Im Galopp fällt es den meisten Pferden am leichtesten, Bauch und Rücken anzuheben – siehe dazu das Kapitel „Galopp" in Teil II. Bei sehr festen und angespannten Pferden empfiehlt es sich häufig, das Training nach dem Schritt gleich im Galopp zu beginnen, sie schnauben schneller ab und lassen sich los und fangen dann auch im Trab gleich besser an.

Wenn Sie im Trab üben, traben Sie leicht und nie mehr als maximal 10 Minuten am Stück. Sehr bewährt haben sich Galopp-Trab-Galopp Übergänge auf einem großen Zirkel, Klettern im langsamen Schritt sowie Stangen und

Cavaletti Training im Trab. Wenn Ihr Pferd die Tendenz hat sich einzurollen, lassen Sie es eher über dem Zügel gehen. Meist wurden diese Pferde von Anfang an falsch und zu eng geritten oder mit derart harter Hand, dass sie Angst vor dem Gebiss haben. So oder so muss das Pferd die natürliche, offene Halsbiegung, die es von sich aus in der Natur einnehmen würde, in so einem Fall unter dem Reiter erst wieder lernen und das geht niemals aus einer engen Position heraus. Lieber anfangs gefühlt etwas „zu hoch" kommen lassen, aber dafür mit offenem Genick und Tendenz der Nüstern nach vorne zu wollen, und daraus dann den locker fallenden Hals entwickeln. Es ist absolut entscheidend, dass der Reiter zu keinem Zeitpunkt aus der Balance sitzt, dem Pferd nicht in den Rücken fällt oder (wenn auch nur versehentlich) stark mit der Hand einwirkt. Das Wichtigste aber ist, dass der Reiter das Pferd immer wieder dazu animiert, den Rücken samt Widerrist anzuheben und den Bauch anzuspannen. Man kann dafür wie oben beschrieben dieselbe Bewegung ausführen und sich vorstellen, man würde mit den Unterschenkeln immer wieder den Pferdebauch umschließen und ihn dadurch nach oben schieben. Bei Pferden, die von Beginn an korrekt trainiert wurden oder die das Konzept einfach schon verstanden haben, reichen schließlich minimale Gewichts- und Schenkelhilfen, damit sich Rücken und Widerrist dem Reiter entgegenheben.

Ist die ventrale Muskulatur schließlich gut trainiert und die Oberlinie dementsprechend entspannt, kann mit dem Reiten in Aufrichtung begonnen werden. Dies muss immer von einem Absenken der Kruppe durch weites unter den Körper Fußen der Hinterbeine eingeleitet werden, alles andere ist falsch.

Eine entspannte dorsale Muskulatur insbesondere auch die Hamstrings, ist Voraussetzung für das Training der ventralen Muskeln. Bei Pferden, die bereits Verkürzungen oder Verspannungen aufweisen, muss dies also erst einmal wiederhergestellt werden. Hier zu sehen: Conor beim hügeligen Geländetraining mit besser engagierter Bauchmuskulatur und schon mit weiter untergreifendem Hinterbein, da seine Sitzbeinmuskeln eine Dehnung schon besser zulassen. Geländetraining ist das beste Mittel, um einen natürlichen Bewegungsablauf zurückzugewinnen. Dabei muss man nur darauf achten, das Pferd nicht zu stören und die eigene Rumpf- und Bauchmuskulatur zu engagieren. Der Rest kommt von alleine. Einmal auf unebenem Gelände bergauf-bergab zu trainieren, bringt mehr als eine Woche jeden Tag eine Stunde lang im Viereck zu reiten.

Optimal trainiertes Pferd (mein voriges Pferd Bear) mit in schönster Art zusammenarbeitender oberer und unterer Muskulatur. Vorder- und Hinterbeine greifen weit und losgelassen aus, Rücken und Widerrist sind aus dem Bauch heraus angehoben, der lange Rückenmuskel richtet ohne Anstrengung die Vorhand auf. Wie man sieht bin ich dort immer noch im Entlastungssitz, um es dem Pferd leichter zu machen. Erst wenn dieses Zusammenspiel auch über einen längeren Zeitraum möglich ist, ohne dass das Pferd ermüdet, darf man sich aufrecht hinsetzen und das Ganze in die Versammlung übertragen.

Wichtiger Prüfstein für die Abwesenheit von Überforderung und schmerzender Muskulatur: Wenn man für die Schrittpause die Zügel lang lässt dehnt sich das Pferd in aller Ruhe und lässt zufrieden den Hals länger werden. Es reißt nicht hektisch den Kopf nach vorne unten und streckt die Nüstern so weit nach vorne wie irgend möglich. (Gerne noch einmal gewisse Grand Prix Pferde anschauen und darauf achten, wie diese am Ende nach dem Zügel lang lassen des Reiters reagieren…)

Natürliche Bewegungen zu erhalten und zu unterstützen ist das Hauptziel unseres Trainings.

Quelle: istock photo

Reiten Sie im Gelände. Springen Sie über Baumstämme, gehen Sie schwimmen oder reiten Sie durch einen See oder Fluss. Ein besseres Training gibt es nicht.

Holen Sie sich das Vertrauen zurück, das Sie als Kind vielleicht hatten und das möglicherweise irgendwo zwischen Stürzen und anderen angsteinflößenden Erlebnissen mit Ihrem Pferd verloren gegangen ist. Sie brauchen es, um losgelassen zu sein und damit Losgelassenheit in Ihrem Pferd zu erreichen.

Je weniger Ausrüstung Sie benötigen, desto besser. Es zeigt, dass Sie und ihr Pferd die magische Verbindung und Kommunikation gefunden haben, von der wir alle träumen.

Zu guter Letzt möchte ich Ihnen noch ein paar Übungen aus „Mit dem Pferd statt auf dem Pferd" empfehlen, die ganz besonders zum Stärken der ventralen Muskulatur geeignet sind.

Zum Herstellen von Aufmerksamkeit und Vertrauen beginnen Sie mit **Übung I „Finde die Füße":**

Diese Übung hört sich einfach an aber Sie werden schnell feststellen, dass sie das ganz und gar nicht ist.
Ich nenne die Übung „Finde die Füße", weil sie unter anderem dafür gedacht ist, dem Reiter ein genaues Gefühl für jeden der vier Füße des Pferdes zu vermitteln – ein sehr wichtiger Schritt auf dem Weg zu feinem Reiten. Nebenbei fördert diese Übung die Durchlässigkeit und Losgelassenheit des Pferdes – und seine Reaktionsfreudigkeit.
Und so geht´s:
Sie reiten auf dem Hufschlag, ganze Bahn.
10 Schritte Schritt, dann 5- 6 langsame Tritte Trab, dann wieder zurück zum Schritt. Konzentrieren Sie sich auf jede Bewegung des Pferdes und parieren Sie genau an der Stelle durch/traben sie genau dort an, wo Sie sich ihre Markierung im Kopf gesetzt haben.
Wenn es Ihnen schon gelingt, können Sie auch einfach ganz genau die 10 und 5 Tritte/Schritte einhalten.

Nr. I: Finde die Füße

━ ━ ━ ━ =langsamer Trab

- - - - =Schritt

©Julie von Bismarck

Das Zügelmaß darf sich während dieser Übung nicht verändern und die Anlehnung sollte ganz leicht sein. Sie werden feststellen, dass Sie bereits 1 – 2 Schritte/Tritte vor dem Übergang an die andere Gangart denken müssen, um den Punkt dann wirklich zu treffen.

Ganz wichtig: sowohl das Durchparieren als auch das Antraben soll ohne Einsatz der Zügelhilfen erfolgen. Nehmen Sie zum Parieren in den Schritt ihre „Ohren nach hinten" und denken sie an Schritt, setzen Sie gerne auch Ihre Stimme ein. Zum Antraben denken Sie an sehr langsamen Trab, pushen Sie Ihr Pferd nicht.

Lassen Sie es langsam antraben und wirklich langsam, denn Sie wollen ja sofort wieder in den Schritt parieren. Schnell werden Sie merken, dass Ihr Pferd bereits auf Ihre Gedanken reagiert und wie einfach sich das Reiten plötzlich anfühlt.

Reiten Sie die Übung für insgesamt maximal 10 Minuten (lieber weniger sobald ein paar Übergänge gut geklappt haben aufhören!) auf beiden Händen gleich verteilt.

Die allermeisten Pferde haben sehr schnell raus worum es geht und beginnen von selber anzutraben oder durchzuparieren – zählen Sie daher genau die Schritte und Tritte, variieren Sie die Anzahl während des Trainings und achten Sie penibel auf die Einhaltung Ihrer Hilfen.

So einfach es klingt – es braucht ein bisschen Übung bis es klappt. Lassen Sie sich davon nicht entmutigen, denn wenn Ihnen und Ihrem Pferd diese Übung gelingt, haben Sie bereits einen riesigen Schritt in Richtung feines Reiten und gesundes Pferd getan.

Die „Kontrolle" über die 4 Beine des Pferdes zu haben, ohne dafür den Zügel einzusetzen, ist eine extrem wichtige Errungenschaft für jeden Reiter, schon weil auf diese Weise eine Menge versehentlicher Einwirkung auf Kiefer und Zunge des Pferdes und damit etliche Blockierungen in diesem Bereich vermieden werden können.

Wenn die Übung richtig gut klappt, können Sie sie auch auf dem 2. Hufschlag, Schlangenlinien und Zirkeln reiten. – Und natürlich auch im Gelände.

Übung II: Das Ei

Ziel der Übung ist ein Antreten und Zurückkommen des Pferdes auf feinste Schenkel- und Gewichtshilfen des Reiters sowie ein lockeres durch-den-Körper-Schwingen. Mit zunehmendem Fortschritt sollten die Übergänge ohne Einsatz der Zügel geritten werden können und der Unterschied zwischen den beiden Trabarten so groß wie möglich werden.

Wie die erste Übung ist auch diese sehr gut zum Aufwärmen geeignet. Sie reiten im Leichttraben auf einem großen Oval, wobei Sie an den langen Seiten die Bewegungen Ihres Pferdes vergrößern möchten und es an den kurzen Enden in einen sehr langsamen, kleineren Trab zurückführen.

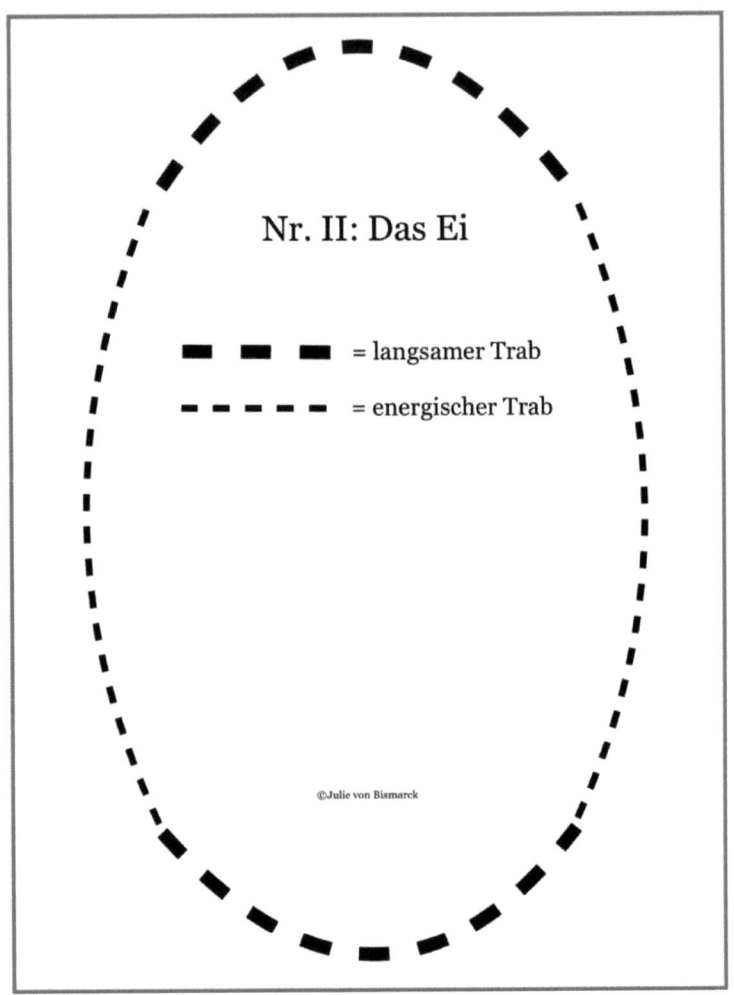

Nr. II: Das Ei

▬ ▬ ▬ = langsamer Trab

▬ ▬ ▬ = energischer Trab

©Julie von Bismarck

Ganz wichtig bei dieser Übung ist es, wirklich penibel jeden einzelnen Trabtritt zu reiten und zu fühlen - es handelt sich nicht um „lange Seite Gas geben, kurze Seite zurückholen".

Denken Sie zum Verlängern der Tritte an den langen Seiten tatsächlich an ein Größerwerden der Bewegungen Ihres Pferdes, nicht an ein schneller laufen. Stellen Sie sich vor, dass Ihnen der Rücken entgegenkommt, das Pferd den Bauch anhebt und die Trabtritte dadurch raumgreifender werden.

Um dieses Bild zu erreichen, legen Sie Ihre Beine mit der Absicht an den Pferdebauch diesen anheben zu wollen, um Platz für die weiter vorgreifenden Hinterbeine zu schaffen.

Übung III: Biegen und Wenden

Diese Übung hilft dabei, das Pferd zu lösen und fördert die Durchlässigkeit (auch die des Reiters) da dieser in den Richtungswechseln sehr sorgfältig die neue Stellung und Biegung einleiten muss. Das mehrmalige Wiederholen der immer gleichen Muster hilft Pferd und Reiter darüber hinaus, sich ganz auf die Bewegungsabläufe und die anstehenden Aufgaben zu konzentrieren.

Und so geht es:
Sie reiten in einem ruhigen aber energischen Arbeitstrab ganze Bahn. Generell würde ich das Leichttraben empfehlen, bei eiligen Pferden oder noch nicht so sicheren Reitern kann aber auch ausgesessen werden. Mitte der langen Seite reiten Sie eine Kehrtvolte und Mitte der kurzen Seite eine Volte, Mitte der langen Seite wieder die Kehrtvolte und so fort.
Wiederholen Sie die Übung insgesamt maximal 10x, so dass Sie 5 Volten auf der rechten Hand geritten sind und 5 auf der linken.
Sollte Ihnen und Ihrem Pferd diese Aufgabe schwerfallen, reiten Sie nach ein paar Wiederholungen auf jeder Hand zweimal in frischem Galopp um die Bahn und beginnen Sie dann auf der anderen Seite der Reitbahn erneut mit dem Muster.
Sie können diese Übung, wie alle anderen, auch „unterwegs" in ihr normales Training einbauen und die Anzahl der Wiederholungen variieren.

Wie sollte es sich anfühlen:
Wir möchten das Pferd am inneren Bein und äußeren Knie mit verwahrender äußerer Wade sauber gestellt und gebogen in die Kehrtvolte reiten, der äußere Unterschenkel verhindert dabei nicht nur ein Ausfallen des Hinterfußes, sondern treibt bereits leicht mit, auf halbem Wege zur Bande wird er zum biegenden und treibenden neuen inneren Bein und das bis dahin innere Bein legt sich verwahrend hinter den Gurt.

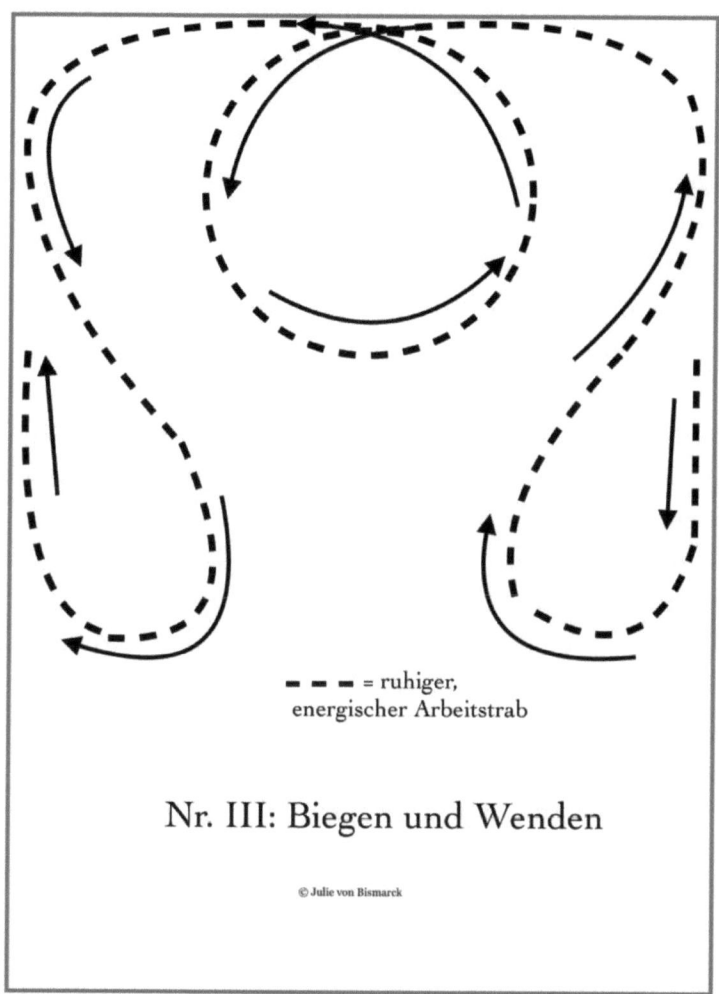

- - - = ruhiger,
energischer Arbeitstrab

Nr. III: Biegen und Wenden

Viele Reiter lassen in der Volte das äußere Bein einfach in dieser verwahrenden Haltung liegen, daher ein kleiner Tip: ich habe die Erfahrung gemacht, dass es gerade in Volten häufig sinnvoll sein kann, auch mit dem äußeren Unterschenkel einen kleinen vorwärts Impuls zu geben. Benutzen Sie den inneren und äußeren Unterschenkel in dieser Übung aber auf jeden Fall nur unabhängig voneinander: also inneres Bein, wenn Sie das innere Hinterbein oder mehr Biegung erreichen wollen.

= Impuls, wenn Sie das innere Hinterbein zu energischerem Antreten animieren möchten, Bein geschmeidig anliegen lassen, wenn Sie das Pferd darum herumbiegen möchten.

Und genauso mit dem äußeren Unterschenkel: Impuls, wenn Sie das äußere Hinterbein bewegen möchten, sachte hinter dem Gurt anliegen lassen, wenn Sie verwahrend einwirken möchten (und mit mehr Druck anliegen lassen, wenn Sie das äußere Hinterbein nach seitwärts unter den Pferdekörper treten lassen möchten).

Wie immer gilt auch hier: hören Sie mit Ihrem Körper auf Ihr Pferd und reagieren Sie nur, wenn es wirklich nötig ist.

Versuchen Sie auch in dieser Übung, sich die Wege und Ihre Körperhaltung dazu nur vorzustellen und bleiben Sie, bis auf Ihre konzentrierten Gedanken, passiv – wenn das nicht klappt, können Sie immer noch nachdrücklicher einwirken.

Achten Sie darauf, dass Ihr Becken (die Hüften) und Ihre Schultern zu denen des Pferdes parallel bleiben, das bedeutet, Sie müssen in der Kehrtvolte auf der rechten Hand zunächst die rechte Schulter zurück nehmen und die rechte Hüfte vorschieben, dann kurz geradeaus sitzen und dann die linke Schulter zurücknehmen und die linke Hüfte vorschieben.

Gucken Sie sich den Schultergürtel Ihres Pferdes an und schauen Sie, ob Ihre Schultern parallel dazu sind. Dann machen Sie das gleiche mit dem Becken, wobei Sie das nur erfühlen können.

Auf der gebogenen Linie kommt die innere Hüfte des Pferdes weiter vor als die äußere und das sollte bei Ihnen ebenfalls der Fall sein, damit Sie das Pferd nicht in der Biegung blockieren.

Versuchen Sie, in der Wendung mit dem inneren Bein den Bauch des Pferdes zum Anheben zu animieren, so dass er das innere Hinterbein nicht am Vortreten hindert. Sie wollen den Bauch mit dem Bein nach oben schicken, damit er „aus dem Weg ist". Dieses Bild hilft bei der korrekten Anwendung der Schenkelhilfe und kann zwischendurch gerne auch mal am äußeren Bein genutzt werden.

Übung VIII: Seitwärts

Nachdem wir nun an der Feinabstimmung beim Geradeausreiten, dem Wenden der Schulter, der Vorhand und der Hinterhand gearbeitet haben, wollen wir uns den Seitengängen zuwenden.
Ziel dieser Übung ist das schnellere und leichtere Reagieren des Pferdes auf die vorwärts-seitwärtsweisende Schenkel- und Gewichtshilfe sowie die Sensibilisierung des Reiters für das eigene Gleichgewicht und die eigene Aufrichtung, denn fast nirgendwo werden Sitzfehler und Schiefe des Reiters so deutlich wie im (langsamen) Seitwärts.
Die Übung mobilisiert darüber hinaus die Wirbelsäule des Pferdes und des Reiters.

Und so geht es:
Sie reiten im flotten Schritt am langen Zügel ganze Bahn auf einer Hand. Vor der kurzen Seite parieren Sie (ohne Zügel, wie bereits gelernt) in einen langsamen Schritt und konzentrieren sich wie in Übung I auf jeden einzelnen Schritt des Pferdes.
Mitte der kurzen Seite wenden Sie auf die Mittellinie ab und reiten von dort seitwärts zur Mitte der langen Seite zurück, so dass Sie die Hand wechseln. Auf dem Hufschlag angekommen reiten Sie wieder flott geradeaus und wiederholen das Ganze auf der anderen Hand.

Nr.VIII: Seitwärts

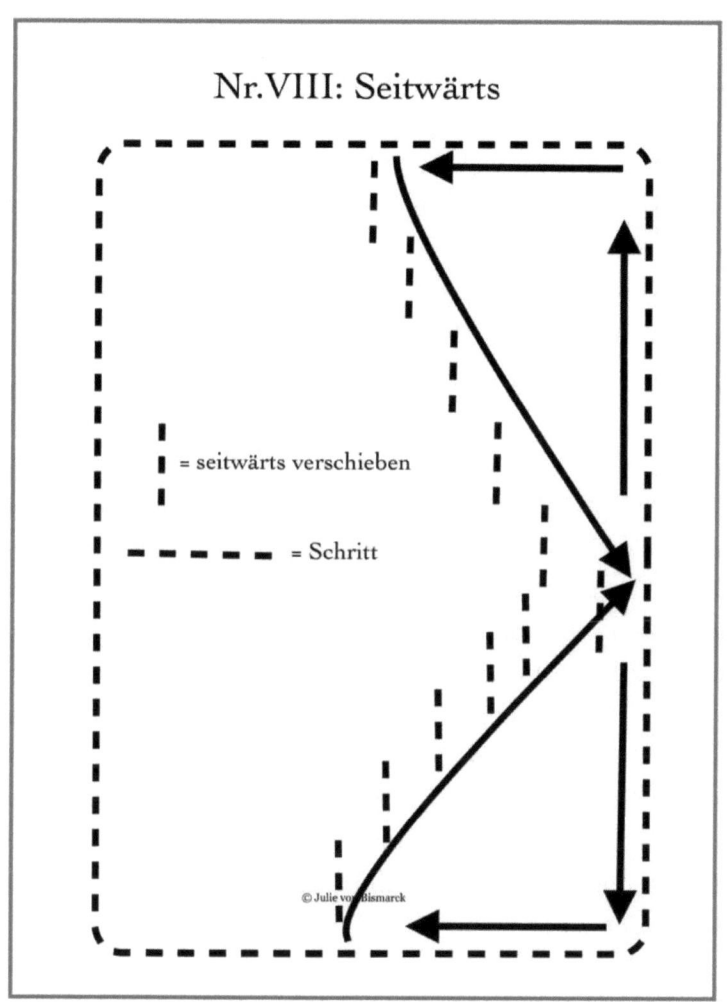

= seitwärts verschieben

= Schritt

© Julie von Bismarck

Ziel ist es das Pferd im Seitwärts möglichst gerade zu lassen, es also nicht zu stellen oder zu biegen, sondern einfach nur vorwärts-seitlich und sehr langsamen Schrittes zu verschieben.

Je stabiler Ihr Pferd dabei gerade bleibt – besonders im Hals - desto besser.

Stellen Sie sich vor, Sie säßen auf einem Brett mit 4 Beinen und diese 4 Beine müssen nun so kreuzen, dass Sie am Hufschlag wieder ankommen.

Damit das gelingt ist ein Einrahmen des Pferdes unerlässlich: nehmen Sie die Zügel anfangs gleich lang auf (später sollte auch diese Übung ohne den Einsatz der Zügel ausgeführt werden können), drehen Sie Ihre Schultern minimal in die Bewegungsrichtung und schauen Sie auf den Punkt, an dem Sie landen wollen.

Achten Sie darauf, dass Ihre Hüften sich nicht mitdrehen – nochmal zur Erinnerung: wir möchten unsere Schulter und Hüften stets möglichst parallel zu denen des Pferdes ausrichten und das bedeutet fast immer, dass Hüften und Schultern eine gegensätzliche Bewegung ausführen.

Beispiel: Sie reiten rechte Hand auf dem Zirkel. Die linke Schulter Ihres Pferdes ist weiter vorne als die rechte. Gleichzeitig ist jedoch die rechte Hüfte weiter vorne als die linke. Was für Sie bedeutet: Sie müssen Ihre rechte Schulter zurücknehmen und Ihre rechte Hüfte vorschieben.

Ich finde es ist einfacher sich die Bewegung so vorzustellen als wolle man seine äußere Schulter und seine innere Hüfte eine Ebene nach vorne verschieben, so dass diese beiden sich auf eben dieser Ebene „treffen" - während die innere Schulter und die äußere Hüfte auf der „neutralen" vorigen Ebene bleiben.

Dieser Vorgang führt zu einer Drehung in Ihrer Wirbelsäule und kann daher nur zufriedenstellend ausgeführt werden, wenn die Wirbelsäule des Reiters gut beweglich gehalten wird. Dafür empfehlen sich diverse Yoga und Dehnungsübungen, die überall (auch speziell für Reiter) zu finden sind. Diese Drehung findet übrigens nicht nur in der Wirbelsäule des Reiters sondern (auf einer anderen Ebene, da horizontal) auch in der des Pferdes statt. Das hier im Detail zu beschreiben würde leider den Rahmen dieses Buches sprengen, aber ich möchte es zumindest erwähnen, um noch einmal ein Bewusstsein dafür zu schaffen, dass ein Pferd welches sich nicht biegt nicht notwendiger Weise „unrittig" ist, sondern möglicherweise schlicht unter Einschränkungen der Beweglichkeit und Schmerzen im Rücken leidet.

Beispiel: Sie reiten in flottem Schritt linke Hand, verlangsamen die Schritte, wenden auf die Mittellinie ab indem Sie Ihr rechtes Knie/Oberschenkel vermehrt anlegen, auf diese Weise die rechte Schulter des Pferdes wenden und mit dem rechten Unterschenkel gleichzeitig dafür sorgen, dass das rechte Hinterbein ordentlich in die Spur des Vorderbeines fußt und nicht ausweicht.

Mit beiden Beinen halten Sie mit dem geringst möglichen Druck das Vorwärts aufrecht. Auf der Mittellinie angelangt reiten Sie 3 - 4 Schritte geradeaus und drehen dann Ihren Oberkörper minimal nach links. Und zwar wirklich nur minimal, ungefähr bis zum 7. Brustwirbel. Achten Sie darauf, Ihre Hüften/Ihr Becken ganz gerade verankert zu lassen – wir möchten unser Pferd ja so gerade wie möglich halten.

Mit dem linken Bein treiben Sie Ihr Pferd nun am Gurt vorwärts und mit dem rechten seitwärts, indem Sie es etwas nach hinten legen. Um das Pferd möglichst gerade zu halten empfiehlt es sich außerdem, den Druck der Knie/Oberschenkel wegzunehmen und beide Beine so locker wie möglich anliegen zu lassen. So hat man die Möglichkeit jederzeit korrigierend einzugreifen, in dem man die Schultern des Pferdes mit Hilfe des einen oder anderen Knies/Oberschenkels wieder ausrichtet.

Denken Sie sich, dass Sie die Vorhand inklusive Hals und Kopf gerade vor sich haben möchten und die Beine des Pferdes quasi nebenbei und vollkommen unabhängig, ohne jede Stellung oder Biegung unter sich kreuzen lassen.

Reiten Sie diese Übung so langsam wie möglich, wirklich in Zeitlupe. Sie werden feststellen, dass diese Art des Seitwärts sehr viel schwieriger ist als beispielsweise eine Trabtraversale, denn sobald das Pferd gestellt und gebogen ist und ohnehin bei jeder Erhöhung des Tempos, lassen sich kleine Fehler und Defizite sehr leicht kaschieren. Und genau das wollen wir ja nicht – wir arbeiten immer noch konzentriert an den Details.

Sollte Ihr Pferd das langsame Seitwärts zum Anlass nehmen, auch den Rest der Schrittstrecken in einem geruhsamen Tempo zurücklegen zu wollen, verlängern Sie den flotten Schritt am langen Zügel gerne zwischendurch um eine lange Seite und beginnen erst auf der gegenüberliegenden kurzen Seite wieder mit der Übung.

Bei allen Pferden, denen ein freier, flotter, lockerer Schritt grundsätzlich schwerfällt empfiehlt es sich, diese Übung von vornherein so zu reiten.

Also einmal seitwärts, langer Zügel Schritt vorwärts bis zweite kurze Seite und erst dann wieder auf die Mittellinie abwenden.

Fordern Sie Ihr Pferd dabei abwechselnd mit beiden Beinen auf, größere Bewegungen auszuführen und achten Sie dabei unbedingt auf einen klaren Viertakt – heißt: wenn Sie merken dass Ihr Pferd zu eilen beginnt, holen Sie es zurück in einen langsameren Bewegungsablauf, indem Sie es mit Ihren Knien/Oberschenkeln mäßigen, Ihren Schwerpunkt minimal nach hinten verlagern und gegebenenfalls Ihr Kreuz anspannen.

Also Ohren nach hinten bringen aber nicht zu viel, denn da Ihr Pferd inzwischen gelernt hat, auf diese Hilfe hin durchzuparieren (Übung I) kann es passieren, dass es plötzlich steht.

Das werden Sie aber schnell merken und leicht herausfinden, welche Dosierung für Ihr Pferd die Richtige ist. Damit sind Sie – auch wenn es vielleicht banal scheint – schon wieder einen großen Schritt weiter in Richtung Feines Reiten und Kommunikation mit Ihrem Pferd. Wie alle Übungen reiten Sie auch diese Übung gleichmäßig auf beiden Händen.

Übung IX: Übergänge durch Gedanken

Dies ist die erste unserer Übungen in der wir den Galopp hinzunehmen. Da einige Reiter vor dieser Gangart mehr Respekt haben als vor Trab oder Schritt, möchte ich vorher ein paar Worte dazu schreiben.
Der Galopp ist die Gangart, in der ein Pferd flieht.
Er kann – je nach Pferd – außerordentlich schnell werden und sich „unkontrolliert" anfühlen.
Die Grenze zu tatsächlicher Unkontrolliertheit ist manchmal schmal, denn ein Pferd kann im Galopp jederzeit durch irgendetwas erschrecken und die Flucht ergreifen, sprich: noch viel schneller galoppieren.
Ist das der Fall agiert das Pferd im Fight or Flight Modus und wie schon besprochen blendet das Pferd seine Umgebung, inklusive Reiter, in diesem Zustand aus. Nur: das kann genauso gut aus dem Schritt oder Trab heraus passieren. Die Vorstellung, dass diese Gefahr im Galopp größer sei, ist in den meisten Fällen also eher nur im Kopf der Reiter real. Aber: es gibt viele

Pferde, denen das „langsame" Galoppieren erst einmal schwerfällt und das gilt durchaus nicht nur für junge Pferde, denn wenn das Pferd den kontrollierten, langsamen Galopp nicht erlernt und trainiert hat, kann das natürlich auch bei einem älteren Pferd noch der Fall sein. Dies in Verbindung mit einem eher unsicheren Reiter führt dann häufig dazu, dass der Galopp tatsächlich eher unkontrolliert wird und viele Reiter dann zu allem Unglück auch noch zu klemmen beginnen, aus Angst herunterzufallen – wodurch das Pferd verständlicher Weise wiederum schneller wird.

Bevor Sie also mit dieser Übung beginnen: machen Sie sich bewusst, dass Ihr Pferd Ihnen nicht automatisch weglaufen wird, nur weil Sie angaloppieren. Galopp ist genauso eine Gangart wie Trab oder Schritt und ein genauso normaler Teil des täglichen Trainings. Denken Sie bei dieser Übung vor dem Angaloppieren außerdem an einen Zeitlupen-Galopp und sitzen Sie entsprechend ruhig und losgelassen im Pferd. Ziel dieser Übung ist ein fließender Wechsel zwischen Galopp und Trab, der letztlich nur noch durch den Gedanken an die jeweilige Gangart eingeleitet wird.

Wie alle unsere Übungen dient auch diese der Erhöhung der Aufmerksamkeit des Pferdes auf die Reiterhilfen und der Entwicklung größerer Leichtigkeit beim Reiten. Gleichzeitig fördert sie die Losgelassenheit und die Schwungentwicklung des Pferdes, stärkt die Bauchmuskulatur und damit den Rücken und die Tragkraft.

Nr. IX: Übergänge durch Gedanken

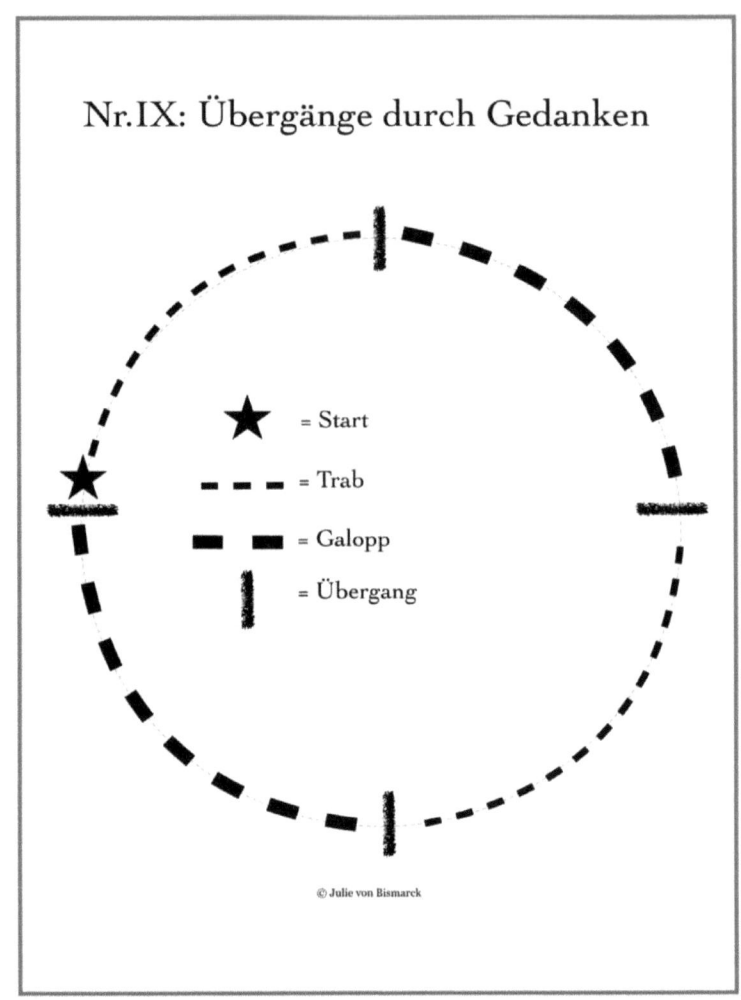

★ = Start

- - - = Trab

━ ━ = Galopp

▮ = Übergang

© Julie von Bismarck

Damit all diese positiven Effekte einsetzen können, ist eine korrekte Umsetzung besonders wichtig. Begonnen werden sollte diese Übung im besten Fall mit einem locker aus dem Widerrist nach vorne unten fallenden Hals, die Nüstern bleiben stets der vorderste Punkt des Pferdes. Wenn Sie ein Pferd haben, das sich beim Angaloppieren heraushebt, wird dieses die erste zentrale Stelle sein, an der sie arbeiten müssen – aber keine Sorge, das gibt sich nach einigen Trainingseinheiten. (Vorausgesetzt Ihr Pferd hat keine körperlichen Einschränkungen, die Schwierigkeiten beim Galoppieren verursachen.) Wenn die Übung in einem reellen vorwärts-abwärts sicher klappt kann sie auch in mehr Aufrichtung und verkürzten Intervallen geritten werden und dient dann der Versammlung des Pferdes.

Und so geht es:
Sie reiten auf einem großen Zirkel und beginnen die Übung im Trab, zu Beginn auch gerne erst einmal im Leichttraben. Ich bevorzuge meist den Mittelzirkel aber wenn Sie sich sicherer damit fühlen „in die kurze Seite hinein" anzugaloppieren, können Sie selbstverständlich auch einen der anderen beiden Zirkel wählen. Der Trab sollte locker aber nicht schnell sein. Nun suchen Sie sich einen exakten Punkt an dem Sie angaloppieren wollen, zum Beispiel einen Zirkelpunkt, denken einige Trabtritte vorher bereits an Galopp, und richten sich auf in dem Sie Spannung in Ihren Bauch und Oberkörper bringen (der Bauch wird dabei eher

„herausgestreckt" als eingezogen, auch wenn das für die Frauen unter uns ungewohnt ist...). Lassen Sie das äußere Knie und den Oberschenkel mit leichtem Druck am Pferd anliegen und umfassen mit dem äußeren Unterschenkel etwas hinter dem Gurt den Pferdebauch (nicht klemmen, nur mit leichtem Druck geschmeidig anlegen/"umfassen"). Mit dem inneren Unterschenkel geben Sie nun die Galopphilfe, ich nenne das „am inneren Bein angaloppieren".

Dafür nehmen Sie den Druck von Ihrem inneren Oberschenkel und Knie weg (nur den Druck, nicht das Knie/den Oberschenkel vom Sattel wegdrehen), um die innere Schulter und das Vorgreifen des Vorderbeines beim Angaloppieren nicht zu blockieren und geben mit dem inneren Unterschenkel einen Impuls.

Lassen Sie das äußere Bein wirklich nur verwahrend am Pferd anliegen und galoppieren Sie mit dem inneren Bein in ruhigem Tempo an.

Galoppieren Sie 6-8 Galoppsprünge, bleiben Sie dabei möglichst locker sitzen und parieren Sie gelassen wieder durch zum Trab, wofür Sie die Oberschenkel/Knie schließen, die Ohren nach hinten nehmen und ausatmen. Anfangs können Sie das Durchparieren selbstverständlich mit einer Parade am Zügel unterstützen, die Hand muss dann allerdings umgehend wieder vorgehen, um Platz zu machen für die Trabtritte. Nach einer viertel Runde galoppieren Sie wieder an wie oben beschrieben.

Sie können die Anzahl der Galoppsprünge und Trabtritte beliebig variieren – je nach Pferd kann es sich empfehlen, mehr oder weniger kurze Abstände zu wählen.

Sollten Sie und Ihr Pferd mit dem ruhigen Galopp noch Schwierigkeiten haben, lassen Sie sich Zeit bis Sie den Rhythmus gefunden haben bevor Sie wieder zum Trab durchparieren – das Zählen und Einhalten der exakten Sprünge und Tritte kann später dazu kommen, Sie haben keinen Zeitdruck. Versuchen Sie sich jeden Galoppsprung so vorzustellen, als fände er tatsächlich in Zeitlupe statt und lassen Sie sich nicht davon beirren, wenn Ihr Pferd zunächst eilt oder Ihnen schnell vorkommt. Reiten Sie ganz stur die Anzahl Galoppsprünge die Sie sich vorgenommen haben (das können auch erst einmal 10 oder 12 oder gar 14 sein) und stellen sich dabei vor, wie Sie mit Ihren Gedanken die Bewegung verlangsamen.

Um Ihrem Pferd zu helfen etwas ruhiger zu galoppieren ist es entscheidend, dass Sie so sitzen als würden Sie mit einer ganz langsamen, ruhigen Galoppbewegung mitgehen.

Normaler Weise würden Sie nach einer Viertelrunde Trab wieder angaloppieren, bei einem eiligen/hektischen Pferd können Sie aber anfangs ruhig bis zu einer ganzen Runde ruhigen Trab einbauen.

Ganz wichtig: weder im Galopp noch im Trab versuchen zu bremsen, sondern einfach nur an ein ruhigeres Tempo denken!

Bremsen über Ziehen am Zügel und Klemmen mit den Beinen führt eher zu mehr Anspannung/Stress im Pferd und wir wollen ja ein losgelassenes, lockeres, zufriedenes Pferd erreichen.

Reiten Sie ein eher triebiges Pferd, bei dem das „im Galopp halten" eine echte Aufgabe ist, empfiehlt es sich die Anzahl der Galoppsprünge und Trabtritte zu verringern, also schneller zwischen Galopp und Trab hin und her zu wechseln.

Traben Sie ein solches Pferd von Beginn an etwas energischer (nicht schneller!) und geben Sie die Hilfe zum Angaloppieren mit etwas mehr Körperspannung, also insgesamt nachdrücklicher.

Reiten Sie ein solches Pferd insgesamt mit einer hohen eigenen Körperspannung – im Gegensatz zu einem angespannten/eiligen Pferd, auf dem Sie so „schlabberig" wie möglich sitzen müssen.

Sie haben also selbst einen höheren Muskeltonus, sitzen einige Tritte vor dem Punkt zum Angaloppieren aus, legen das äußere Bein wie zuvor beschrieben an, nur mit mehr Nachdruck, und geben den Impuls an ihrem inneren Bein ebenfalls mit mehr Energie/Nachdruck als bei dem eiligen Pferd.

Bei Pferden die schon sehr lange derart „stumpf am Bein" sind kann es sich empfehlen, die ersten paar Trainingseinheiten eine Gerte mitzunehmen, mit der die Schenkelhilfe (des INNEREN Beines!) durch kurzes Antippen unterstützt werden kann. Meist braucht man sie allerdings gar nicht, wenn man sie dabeihat.

Galoppieren Sie 5-6 Galoppsprünge, parieren Sie durch zum Trab und galoppieren Sie bereits nach ca. 5 Trabtritten wieder an. Wiederholen Sie das bis Sie merken, dass Ihr Pferd umgehend reagiert und flüssig vorwärts galoppiert. Ist das der Fall können Sie die Anzahl der Galoppsprünge erhöhen, die Trabtritte würde ich bei diesem kurzen Intervall belassen. Galoppieren Sie energisch, aber nicht schnell. Sie müssen sofort wieder durchparieren, da können Sie ein hohes Tempo nicht gebrauchen. Es ist ganz erstaunlich, wie schnell „faule" Pferde, die vorher von ihren Reitern nur mit größter Mühe und Hauen und Stechen im Galopp zu halten waren, plötzlich eifrig angaloppieren und den Galopp dann auch genauso halten können.

Für den Reiter ist es die Hauptaufgabe, sich auf seinen Sitz und die präzise Umsetzung zu konzentrieren. Genau nach der jeweils festgesetzten Anzahl von Galoppsprüngen wieder zum Trab zu parieren und exakt an dem festgelegten Punkt wieder anzugaloppieren ist nur mit extremer Konzentration möglich.

Erwarten Sie nicht, dass es jedes Mal klappt, das muss es auch gar nicht. Wenn Sie es ein paarmal pro Übungseinheit schaffen, ist das schon super.

Übung X: Loslassen

Ziel der Übung ist ein unaufwendiger Wechsel zwischen Trab und Galopp sowie zwischen zwei unterschiedlichen Biegungen.
Die Übung erfordert schnelle Reaktionen des Reiters und ist hervorragend dazu geeignet, das Pferd wirklich losgelassen durch den Körper schwingen zu lassen.

Und so geht es:
Sie reiten im Trab im Aussitzen ganze Bahn, Nüstern vorderster Punkt des Pferdekopfes, Pferd in Aufrichtung. Nun reiten Sie aus der Ecke kehrt, wobei Sie auf dem Weg zurück zum Hufschlag quasi eine kleine Traversale reiten, Ihr Pferd also auf der linken Hand nach links gestellt und gebogen lassen, auf der rechten Hand nach rechts, und dabei einfach seitwärts reiten.

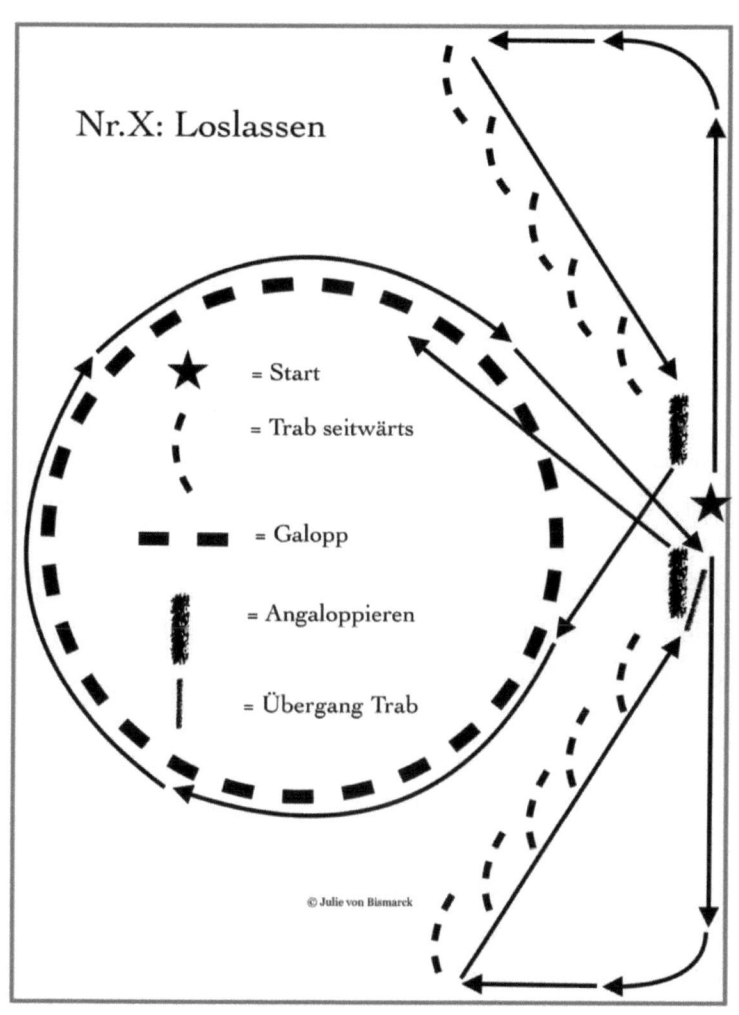

Nr.X: Loslassen

★ = Start

= Trab seitwärts

= Galopp

= Angaloppieren

= Übergang Trab

© Julie von Bismarck

217

Nehmen wir an, Sie reiten auf der linken Hand so bedeutet das: nehmen Sie die Linkstellung und Biegung mit in die Kehrtvolte, wenden Sie mit Ihrem rechten Oberschenkel und Knie die rechte Schulter des Pferdes nach links, schauen Sie auf den Punkt an dem Sie den Hufschlag erreichen wollen und stellen sich vor, Sie würden selbst die Linie dorthin entlanglaufen.

Nun treiben Sie mit der linken Wade weiter, nehmen das linke Knie etwas vom Pferd weg, lassen Ihr Pferd nach links gestellt und gebogen und schieben es mit dem rechten Oberschenkel/Knie und dem verwahrenden Rest des Ihres rechten Beines einfach Richtung Hufschlag nach links.

Dabei müssen Sie Ihren Schultergürtel natürlich ebenfalls nach links drehen, damit Ihre Schultern zu denen des Pferdes parallel bleiben.

Achten Sie darauf, Ihre linke Hüfte vorne zu lassen, oft neigt man dazu, diese auch mit zu verschieben und dann fehlt der treibende Moment.

Versuchen Sie mit dem geringst möglichen Druck auszukommen – steigern können Sie diesen immer, wenn Ihr Pferd nicht reagiert.

Am Hufschlag angekommen gilt es schnell zu sein: richten Sie Ihre Schultern und Hüften sowie das Pferd wieder gerade aus, stellen Sie Ihr Pferd minimal nach rechts und galoppieren Sie an Ihrem neuen inneren (in diesem Fall rechten) Bein an - wie in der vorigen Übung erklärt. Reiten Sie gleich auf den Mittelzirkel, stellen und biegen Sie Ihr Pferd nach rechts und galoppieren Sie einmal herum.

Konzentrieren Sie sich darauf, Ihr Pferd zwischen Ihrem äußeren und inneren Bein gebogen zu halten und Ihre innere Schulter zurückzunehmen und die innere Hüfte vorzuschieben. Falls Ihnen das schwerfällt, probieren Sie folgendes: Nehmen Sie nicht Ihre innere Schulter zurück, sondern Ihre äußere Schulter vor. Und schieben Sie die äußere Hüfte vor, statt die innere zurück zu nehmen. Vielen Reitern fällt das leichter.

Es kann sein, dass Sie zwischendurch ein bisschen mehr mit dem äußeren Unterschenkel arbeiten müssen, wenn Sie zum Beispiel merken, dass Ihnen die Hinterhand ausweicht. Grundsätzlich gilt aber:
Sie reiten ruhige, energische Galoppsprünge, Ihr inneres Bein bleibt lang und treibt in der Bewegung, Ihr äußeres Bein begrenzt, Oberschenkel und Knie wenden die Schulter des Pferdes in die Bewegungsrichtung, der Unterschenkel verwahrt und greift ein, wenn notwendig.
Die Zügel spielen wie immer nur eine untergeordnete Rolle, da sie auch hier nicht die entscheidende Hilfe geben.

Wie in allen Übungen gilt auch hier:
Auch wenn Sie die Zügel natürlich in der Hand haben, Stellen Sie sich vor, dass Sie Ihr Pferd nur über Ihren Sitz und mit Ihren Beinen steuern.

Sitzen Sie außerdem möglichst passiv und locker – Sie brauchen für diese Übung nur eine normale positive Körperspannung, können also so locker wie möglich im Pferd sitzen.

Alle gesammelten Übungen finden Sie in „Mit dem Pferd statt auf dem Pferd". Sie stammen noch von meiner Großmutter und haben mir bei unzähligen bereits „kaputtgerittenen" Pferden geholfen, wieder einen natürlichen, schmerzfreien Bewegungsablauf herzustellen. Sie sind außerdem bestens geeignet, um die magische Einhorn-Verbindung aus den Kindheitsträumen in die Wirklichkeit zu überführen.

Wenn man sich nun einfach nur die grundlegenden Zusammenhänge zwischen Gelenken, Muskeln, Sehnen, Bändern, Organen, Instinkten und Gehirn des Pferdes vor Augen führt, die wir in den drei Bänden dieser Buchreihe besprochen haben, dann wird wohl jedem Reiter deutlich, wie viel mehr Verantwortung bei ihm liegt, als er möglicherweise für möglich hielt. Wir sind nicht nur für das Wohlergehen unserer Pferde zuständig, wir sind in den meisten Fällen der dafür, dass ihnen Schmerzen und Schaden zugefügt werden. Daher ist unsere Verantwortung diesen freundlichen, gutmütigen und stummen Tieren gegenüber noch um ein Vielfaches größer und umfassender.

Pferde zählen zu den sanftmütigsten Geschöpfen der Erde, aber ihre Größe und Kraft täuschen leider oftmals darüber hinweg, wie extrem sensibel sie sind. Sie leiden still und lassen sich viel zu viel gefallen. Aus diesem Grund sind sie darauf angewiesen, dass wir auf sie aufpassen und sie verstehen. Seien Sie ein Reiter, der sein Pferd beschützt. Dann ist Reiten das, was es eigentlich sein soll: Das Zusammenspiel zweier vollkommen unterschiedlicher Spezies, die sich so großartig verstehen, dass es von außen wirkt wie Magie. Sie werden nie wieder mit Ihrem Pferd kämpfen oder zu schärferer Ausrüstung greifen, sondern mit feinsten Hilfen und einem glücklichen Lächeln im Gesicht über die Reitplätze, Felder und Wiesen fliegen.
Ich bin davon überzeugt, dass ein Reiter, der all diese Zusammenhänge verstanden hat, sein Pferd nie wieder so behandeln wird, als wüsste er es nicht.

Beschützen Sie Ihr Pferd, denn etwas anderes hat es nicht verdient.

© Julie von Bismarck

Weitere Bücher von Julie von Bismarck:

„Zusammenhänge im Pferd Teil I"

„Zusammenhänge im Pferd Teil II"

„Mit dem Pferd statt auf dem Pferd – Ein Leitfaden für feines Reiten"

„Reitsport – Auf dem Rücken des Pferdes"

„Reeva und die Pferde – Sommer auf Gut Balmore"